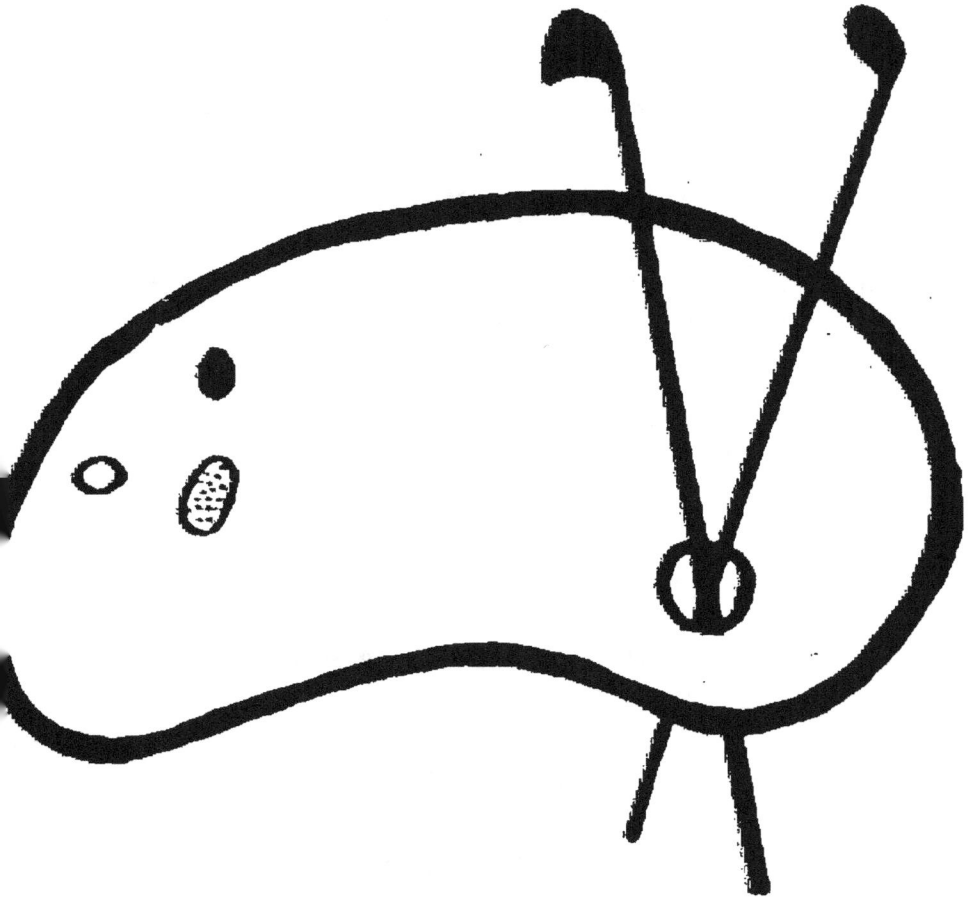

DEBUT D'UNE SERIE DE DOCUMENTS
EN COULEUR

NOTICE

sur

L'ORGANISATION TERRITORIALE

ET L'ADMINISTRATION

RELIGIEUSE, MILITAIRE, JUDICIAIRE, FINANCIÈRE ET PROVINCIALE

des

ANCIENNES PROVINCES

DE BRESSE, DU BUGEY, DE LA DOMBES

ET DU PAYS DE GEX

SOUS L'ANCIENNE MONARCHIE

(VERS 1765)

MATÉRIAUX RECUEILLIS

PAR J. BROSSARD

ARCHIVISTE DE L'AIN

BOURG-EN-BRESSE

—

1881

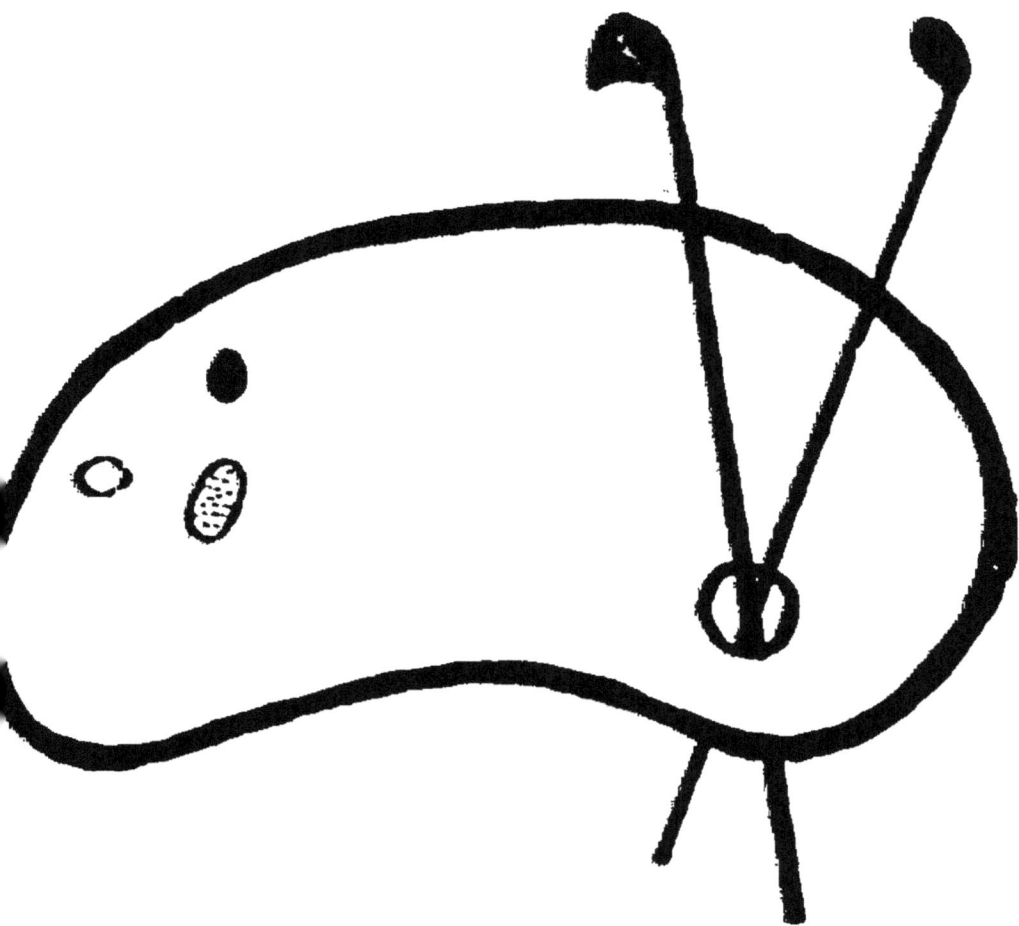

FIN D'UNE SÉRIE DE DOCUMENTS
EN COULEUR

NOTICE

SUR

L'ORGANISATION TERRITORIALE

ET L'ADMINISTRATION

RELIGIEUSE, MILITAIRE, JUDICIAIRE, FINANCIÈRE ET PROVINCIALE

DES

ANCIENNES PROVINCES

DE BRESSE, DU BUGEY, DE LA DOMBES

ET DU PAYS DE GEX

SOUS L'ANCIENNE MONARCHIE

(VERS 1765)

MATÉRIAUX RECUEILLIS

PAR J. BROSSARD

ARCHIVISTE DE L'AIN

BOURG-EN-BRESSE

—

1881

BOURG, IMPRIMERIE AUTHIER ET BARBIER

AVIS

On a réuni ici, en une notice spéciale, divers renseignements épars sur l'organisation et l'administration des anciennes provinces de Bresse, du Bugey, du Valromey, du Pays de Gex et de la Dombes sous l'ancienne monarchie, à la date approximative de 1765.

On souhaite que cette œuvre de récollection soit utile à tous ceux qui s'occupent, en détail, de l'histoire passée de nos provinces ; — qu'elle leur abrège des recherches souvent difficiles et toujours fastidieuses.

J. B.

NOTICE

SUR LA BRESSE, LE BUGEY, LA DOMBES
ET LE PAYS DE GEX

PREMIÈRE PARTIE

CHAPITRE PREMIER

Divisions temporelles des pays de Bresse, Bugey et pays de Gex.

Le gouvernement de Bourgogne, sous l'ancienne monarchie, se composait d'une province et de trois pays. — La province était celle de Bourgogne qu'on divisait en Duché et Comtés. — Les trois pays étaient la Bresse, le Bugey, le pays de Gex. Le Valromey était compris dans le Bugey.— La Dombes, unie seulement depuis 1762, est l'objet de détails spéciaux qu'on trouvera à la fin de ce mémoire.

Nous allons nous occuper de ces petits pays qui composent actuellement le département de l'Ain. — Ils étaient annexés à la Bourgogne depuis 1601, et la Dombes, on l'a dit, depuis 1762.

PAYS DE BRESSE

Villes, Bourgs, Paroisses, Villages, Hameaux formant des Communautés séparées. (1)

Villes : Bourg, Montluel, Bâgé-le-Château, Villars, Pont-de-Vaux, Chastillon-les-Dombes, Pont-de-Velle, Saint-Trivier, Montrevel, Pont-d'Ain, Varambon, Treffort, Loye, Pérouge.

(1) On a gardé l'orthographe en usage au siècle dernier.

Bourgs : Meximieu, Mirebel, Saint-Martin-le-Château , Saint-Paul-de-Varas, Coligny (en partie), Saint-Christophle, Verjon, Foissiat, Marboz, Saint-Julien-sur-Ressouze, Saint-Laurent-lès-Macon, Tossiat.

Paroisses : L'Abergement, Aisne ou Esne, Asnière, Antenans , Arbigny, Arnans, Aromas, Attignat, Bâgé-la-Ville, Balan, Bey, Bény, Beynost, Béreins, Bereyziat, Beligneux, Birieu, Biziat, Bohas, La Boisse, Boissey, Bos, Bouligneux, Bressolle, Bublane, Buellas, Buinans, Bussège, Calluire, Ceissiat, Certine, Cezeriat, Chaléas, Chanos-Chatenay, Charnos, Chatillon-de-la-Palud, Chavannes-sur-Ressouze, Chavériat, Chevroux, Cize, Clémenciat, Coisiat, Condessiat, Confrançon, Coran, Cordieu, Cormangoux, Cormaranche, Cormoz, Corveyssiat, Courtoux, Cran, Cras, Crotet, Cruzilles, Cuet, Cuisiat, Curciat, Curtafond, Dagnieu, Domartin, Dompierre-de-Chalaronne, Donseurre, Dront, Druillat, Etrée, Faraman, Feillens, Les Feuillées, Flériat, Fleurieu, Gordan ou Niost, Gorrevod, Greisiat, Grièges, Hautecour, Jallieu, Jasseron, Jayat, Journans, Joyeux, Lais, Laleriat, Lescheroux, Longchamps, Luponas, Malafretat, Mantenay, Manziat, Marsonnas, Meillonas, Mespillat, Mériat, Mézeiriat, Mionney, Molon, Montcel, Montagnat, Montaney, Montellier, Montfalcon, Montracol, Neiron, Neuville-les-Dames, Neuville-sur-Ain, Nièvre, Perrex, Perronas, La Pérouse, Pirajoux, Pisey, Plantay, Polliat, Pressiat, Priay, Prin, Ramasse, Replonges, Revonnas, Rigniat, Rignieu-le-Franc, Rillieu, Romanèche, Romanèche-la-Montagne, Romans, Saint-Georges, Saint-André-de-Bâgé, Saint-André-de-Corcy, Saint-André-d'Huiriat, Saint-André-le-Bouchoux, Saint-André-le-Panoux, Saint-Bénigne, Saint-Cire-sur-Chalaronne, Saint-Cire-sur-Manton, Sainte-Croix, Saint-Denis, Saint-Didier-d'Ossiat, Saint-Eloy, Saint-Etienne-du-Bois, Saint-Etienne-sur-Ressouse, Saint-Genis-sur-Manton, Saint-George-du-Bouchoux, Saint-Jean-les-Adventures, Saint-Jean-d'Etreux, Saint-Jean-sur-Ressouse, Saint-Julien-sur-Velle, Saint-Marcel-Bussige, Saint-

Martin-de-Vaugrigneuse, Saint-Martin-du-Mont, Saint-Maurice-de-Beynost, Saint-Maurice-de-Chaseau, Saint-Maurice-de-Gourdan, Saint-Nisier-le-Désert, Saint-Nisier-le-Bouchoux, Saint-Remi-du-Mont, Saint-Remi près Bourg, Saint-Sulpice, Samans, Sandrans, Satonay, Sermoyé, Servas, Servignat, Simandre, Sulignat, Til, Tramoie, Tranclière, Vandeins, Vécours, Versailleu, Villemoutier, Villereversure, Villette, Villette-de-Loye, Villette-de-Richemont, Viriat, Vonnas.

Villages et Hameaux : Beaupont, Baisememas, Les Blanchères, Burignat, Busserole, Calluire, Cessiat, Chamandrey, Chanos, La Chappelle-Tècle, Charluat, Chassagne, Chavagnat, Chavanne, Chevignat, Collionas, La Corbatière, Crangeac, Duis, Granval, Grandvillars, Granges, Gravelle, Lefondras, Lhopital, Lingeat, Lingens, Lyonnière, Montlain, Ozan, Poisoux, Poléset, Les Rebutins, Les Ripes, Roissiat, Saint-Just, Sanciat, Tagiset, Toirette, Tol, Turgon, Vacagnole, La Valbonne, Vernoux, Villeneuve.

PAYS DE BUGEY

Villes : Belley, Seyssel, Saint-Rambert, Nantua, Lagnieu. Poncin, Ambronay.

Bourgs : Montréal, Grolée, Virieu-le-Grand-en-Valromey. Cerdon, Châtillon-de-Michaille, Rossillion, Ambérieu, Saint-Sorlin, Champagne-en-Valromey, Loyette, Chasey-sur-Ain, Villebois.

Paroisses : Abergement (grand), Abergement (petit), Abergement-de-Varey, Ambléon, Ambutrix, Amézieu, Audert, Anglefort, Apremont, Aranc, Arandas, Arban, Arbignieu, Ardon, Argy, Arlod, Armix, La Balme, Belleydoux, Belmont, Benonce, Béon, Billiat, Bilieu, Bellignat, Blie, Boloson, Bon. Brennas, Brenier, Brénod, Briord, Burbanche, Ceyzérieu, Chaley, Chanay, Chanas, Chandore, Chandossin, Chanfromier, Charanssin, Charix, Chasey près Belley, Château-Gaillard, Châtillon-de-Corneille. Chatonod, Chavornay, Chemillieu-de-

Parves, Chemillieu-de-Passin, Chevillard, Cleizieu, Colomieu, Condom, Contrevoz, Conzieu, Corbonod, Corcelles, Corlier, Cormaranche, La Cous, Cras, Cressieu, Cressin, Culos, Cusieu, Dortan, Douvre, Echallon, Innimond, Etable, Evauge, Fitignieu, Flacieu, Gellignieu, Genissiat, Gevressiat, Giron, Groissiat, Hauteville, Hostias, Hotonne, Ingieu, Izarnore, Isenave, Izieu, Jujurieu, Laleyrias, Lantenay, Lavours, Leimand, Leyssard, Lhopital, Lilignod, Lochieu, Lomnas, Lomnieu, Longecombe Luis, Magnieu, Maillat, Marchand, Marigneu, Martignat, Massignieu-de-Rive, Matafelon, Mirignat, Montagnieu, Montange, Montgriffon, Mornay, Musinans, Napt, Nattage, Nérole, Nivolet, Ochiaz, Oncieu, Ordonnas, Oyonnas, Parve, Passin, Périat, Périeu, Poisieux, Pollieu, Port, Prémeisel, Prémilieu, Proulieu, Pugieu, Retord, Rignieu-le-Désert, Romanieu, Ruffieu, Saint-Alban, Saint-Benoit, Saint-Blaise, Saint-Bois Saint-Champs, Saint-Denis-de-Chausson, Saint-Germain-de-Joux, Saint-Germain-des-Froisses, Saint-Jean-le-Vieux, Saint-Jérome, Sainte-Julie, Saint-Martin-de-Bavel, Saint-Martin-du-Fresne, Saint-Maurice-de-la-Balme, Saint-Maurice-de-Rémens, Saint-Maurice près Charancin, Saint-Vulbas, Samognat, Seillionas, Serrière, Songieu, Sonthonax, Sorgieu, Soudon, Sutrieu, Talissieu, Teisieu, Tisilieu, Tenay, Torcieu, Vaux, Vésias, Vieu, Vieu-d'Isenave, Ville, Virieu-le-Petit, Volognat, Vongnes, Vouvray, Yon.

Villages et Hameaux : Les Alimes, La Balme, Pierre-Chastel, Brens, Ecrivieu, Giriat et Peyriat, Hirias, Longeray, Lunes, Maconod, Mantière, Méruleas, La Rivière-Furans, La Rivoire, Saint-Didier, Sotonod, Virignin.

PAYS DE GEX

Ville : Gex.
Paroïsses : Allemogne, Challex, Chevry, Collonge, Crozet, Divonne, Farge, Ferney, Grilly, Haire-la-Ville, Matignien,

Meyrin, Moens, Ornex, Péron, Pougny, Pouilly, Prégny, Prevessin, Ruffin, Saconex, Saint-Jean-de-Gonville, Sessy, Sauverny, Thoiry, Verny, Versoy, Versonex, Vesancy.

Villages et Hameaux: Collex, Crassy.

CHAPITRE DEUX

Les rivières, les fleuves de Bresse, Bugey et Gex.

La Saône. — Elle entrait dans le duché de Bourgogne près de Tallemay. Elle arrosait Chalon, Tournus, Mâcon, Villefranche en Beaujolais, Trévoux en Dombes. A Lyon elle se joignait au Rhône.

La Seille. — Sortant du comté de Bourgogne elle entrait dans la Bresse chalonnaise et s'écoulait dans la Saône entre les deux Bresses.

La Ressouze. — Passait à Bourg, Montrevel, Saint-Julien, et se joignait à la Saône au-dessous de Pont-de-Vaux.

La Velle. — Parcourait partie de la Dombes et de la Bresse et se jetait dans la Saône au-dessous de Pont-de-Velle.

Le Rhône. — Sortant du lac de Genève il séparait la Savoie des pays de Gex et de Bugey ; passait sous le fort de la Cluse, Seyssel et Pierre-Chastel ; recevait le Seran et le Furan ; séparait le Bugey et la Bresse de la province de Dauphinée passant par Grólée, Saint-Sorlin, Loyettes et Mirebel pour gagner Lyon.

L'Ain. — Sortait du comté de Bourgogne ; séparait la Bresse du Bugey, passant à Pontcin, Pont-d'Ain, Loyes ; se jetait dans le Rhône sous Loyettes après avoir reçu la Valouze et le Suran qui venaient de Franche-Comté et l'Albarine venue du Bugey par Saint-Rambert.

Rivières navigables. — *La Saône,* durant tout son parcours le long de nos pays.

Le Rhône, depuis Seyssel seulement.

L'Ain. depuis Loyes.

CHAPITRE TROIS

Routes des postes, des coches, par terre et par eau, des messageries, en Bresse, Bugey et Gex.

ROUTES DES POSTES

De Dijon à Lyon.

A Mâcon la poste prenait les correspondances de Pont-de-Vaux, Bâgé, Pont-de-Velle et Bourg-en-Bresse.

De Lyon à Genève.

Les relais de cette route qui traversait en long nos pays étaient : Mirebel, Montluel, La Valbonne, Loyes, Cormos près Château-Galliard en Bugey où aboutissaient les messagers de Belley, de Saint-Rambert, de Seyssel et d'Ambérieu ; Ambronay, Saint-Jean-le-Vieux, Cerdon, Saint-Martin-du-Fresne, Nantua, Saint-Germain-de-Joux, Châtillon-de-Michaille, Longeray, Collonges, Pougny, Sacconex et Genève, où aboutissait le messager de Gex.

COCHE PAR EAU

De Lyon à Seyssel.

Le coche par eau sur le Rhône touchait à Saint-Sorlin, Grôlée, Cordon, Pierre-Chastel et Seyssel : on se rendait de là par terre à Genève.

MESSAGERIES POUR VOITURES DE PERSONNES ET D'EFFETS

De Belley à Dijon.

L'itinéraire était le suivant : Belley, Rossillon, St-Rambert, Pont-d'Ain, Bourg-en-Bresse et Mâcon. Les personnes et effets s'embarquaient là pour Chalon. De Chalon à Dijon on prenait le carrosse. — Arrivé à Bourg, le voyageur pouvait gagner cependant Dijon par terre en prenant la voiture qui passait par Montrevel, Saint-Julien-sur-Reyssouze, St-Trivier, Romenay, Cuisery, Chalon, Nuit, etc.

CHAPITRE QUATRE

Situation, étendue, richesse des pays de Bresse, Bugey et Gex.

La Bresse, le Bugey et le Pays de Gex, parties de la province de Bourgogne, étaient situées dans la partie orientale du royaume de France, dans la zone dite Tempérée. La province de Bourgogne avait onze cents lieues carrées et environ douze cent cinquante mille habitants.

Nos limites étaient alors : le Senonais, le Tonnerrois, le Bassigny, la Franche-Comté, la Suisse, la République de Genève, le Rhône, le Lyonnais, le Beaujolais, le Forez, le Bourbonnais et le Nivernais.

La Bresse formait la partie orientale extrême du gouvernement de Bourgogne. Le Bugey et le Pays de Gex étaient avancés de 12 lieues au levant, le Bugey et la Bresse de 10 lieues le midi.

La principauté de Dombes était située entre la Bresse qui la pressait au nord, à l'orient, au midi, et la Saône qui la terminait du côté du soleil couchant.

La Bresse se divisait en haute et basse. La basse Bresse était réputée pays plat et humide, marécageux en maints endroits et semé d'étangs. Tout le terrain, depuis l'embouchure de la Seille dans la Saône jusqu'à Lyon, en pénétrant de deux ou trois lieues dans les terres, produisait du froment, du blé noir ou sarrasin et beaucoup de fourrage à cause des grandes prairies où se déploie la Saône. Les endroits renommés pour la production du froment étaient les mandements de Montrevel, Saint-Trivier, Bâgé, Pont-de-Vaux et Pont-de-Velle.

La haute Bresse était connue sous le nom de Revermont, à cause de son rideau de montagne tourné au soir, s'étendant du nord au midi à l'orient de la basse Bresse. Le Revermont était planté en vignes, mais le vin en était réputé âpre et dur.

La Bresse était connue pour sa belle production de gros bétail engraissé et pour ses volailles. Les chanvres de Bresse étaient recherchés et achetés pour le service de la marine.

Le Bugey, depuis Pont-d'Ain jusqu'à Grôlée, en tirant vers le Rhône et l'Ain, était tenu pour une plaine assez fertile. Le haut Bugey, couvert de montagnes, faisait commerce de ses bois de chêne et de sapin. La marine du roi y faisait ses achats : elle avait en Bugey des employés spéciaux. Les pâturages du haut Bugey étaient aussi une source de revenu. Tout ce pays en général produisait assez de blé et de vin, et beaucoup de chanvre, de noix, de fromages et de charbon de bois.

Le Pays de Gex, réputé beau, donnait suffisamment des blés, des vins, des bois et d'autres denrées. Le Mont-Jura ou Crédo le séparait complètement du Bugey du côté de l'occident. Les excellents pâturages de ses montagnes produisaient une quantité considérable de fromages déjà très estimés.

DEUXIÈME PARTIE

CHAPITRE PREMIER

Divisions ecclésiastiques des provinces de Bresse, Bugey et Gex.

Nos trois petits pays dépendaient de trois provinces ecclésiastiques :

1° Province ecclésiastique de LYON : elle comprenait la Bresse et partie du Bugey ;

2° Province ecclésiastique de BESANÇON : elle comprenait partie du diocèse de Belley et du Bugey ;

3° Province ecclésiastique de VIENNE : elle comprenait partie du diocèse de Genève ou d'Annecy qui s'étendait dans une partie du Bugey et dans le Pays de Gex.

CHAPITRE SECOND

De la province ecclésiastique de Lyon.

Diocèse de l'Archevêché de Lyon.

Ce diocèse était le plus ancien des Gaules. L'archevêque était Primat de France. Le patron était saint Jean-Baptiste.

Nous allons rapporter ici en quoi et pourquoi nous dépendions de lui.

ABBAYES D'HOMMES

Ordre de Saint-Benoît en Bugey.

Ambronay en Bugey : soumise immédiatement au Saint-Siège, sous le vocable de Notre-Dame. Réforme de la congrégation de Saint-Maur. L'abbé était baron d'Ambronay.

Saint-Rambert-en-Bugey : non réformée, agrégée à Cluny. On y gardait des reliques de Saint-Rambert et de Saint-Domitien, premier abbé.

Ordre de Cîteaux.

La Chassagne en Bresse, près de Loye : sous le vocable de Notre-Dame.

Églises collégiales en Bresse.

Notre-Dame de Bourg, avec un prévôt, un chantre, un théologal à la nomination de l'archevêque, et 16 chanoines à la nomination du Chapitre.

Notre-Dame de Pont-de-Vaux avec un doyen et sept chanoines à la nomination du seigneur de la Ville.

Notre-Dame-des-Marais à Montluel : un doyen nommé par le pape, 15 chanoines nommés par le Chapitre.

Saint-André de Châtillon-lès-Dombes : un doyen nommé par les chanoines-comtes de Lyon, huit chanoines nommés par le Chapitre.

Saint-Apollinaire de Meximieux : un doyen, six chanoines et six prébendiers à la nomination du seigneur.

Notre-Dame Sainte-Anne de Varambon : un doyen, neuf chanoines nommés par le seigneur.

Eglises collégiales en Bugey.

Saint-Jean-Baptiste de Lagnieu : un doyen nommé par l'abbé d'Ambronay ; huit chanoines nommés par le seigneur de Montferrand.

Saint-Martin de Pontcin : un doyen et quatre chanoines nommés par le seigneur de Conzié.

Saint-Jean-Baptiste de Cerdon : un doyen, six chanoines nommés par le seigneur.

PRIEURÉS

Ordre de Saint-Benoît en Bresse.

Bâgé, sous le vocable de Notre-Dame ; l'abbé de Cluny y nommait.

Coligny, sous le titre de Saint-Martin ; le Roi y nommait.

Domsure, sous le vocable de Saint-Théodose ; le prieur de Gigny y nommait.

Marboz, vocable de Saint-Jean ; à la nomination du prieur de Gigny.

Saint-Jean-de-Niost ; à la nomination du Chapitre de l'Ile-Barbe.

Oussiat ou Pont-d'Ain, sous le titre de Saint-Didier ; le prieur de Gigny y nommait.

Saint-Christophle, à la nomination de l'abbé d'Ambronay.

Villemotier, vocable de Saint-Léger ; l'abbé de Saint-Claude y nommait.

Villereversure, vocable de Saint-Laurent ; l'abbé d'Ambronay y nommait.

Villette près Richemont, vocable de Saint-Laurent ; le prieur de Nantua y nommait.

Neuville-les-Dames, sous le titre de Saint-Maurice. Il y avait un prieur commandataire, une prieure et des religieuses dépendantes de l'abbaye de Saint-Claude. Elles étaient nobles et non cloîtrées.

Buellas, Chaveyriat ; unis à Cluny.

Jasseron ; uni à Saint-Claude.

Biziat, Chevroux ; unis à Tournus.

Pont-de-Velle, Saint-Maurice-de-Gourdans ; unis au Chapitre d'Ainay, à Lyon.

Bilieu, Birieu et Néron ; unis au Chapitre de l'Ile-Barbe.

Saint-Romain de Mirebel, Beynost ; unis à la charge du prévot de l'Ile-Barbe.

Meillonnas ; uni au Chapitre de Saint-Pierre de Mâcon.

Huiriat ; uni au Chapitre de Pont-de-Vaux.

Mionnay ; uni aux Bénédictines de Saint-Pierre de Lyon.

·PRIEURÉS

Ordre de Saint-Benoît, en Bugey.

Saint-Pierre de Nantua. Le prieur commandataire, nommé par le Roi, est baron de la Ville. Religieux non réformés, doivent être de famille noble.

Saint-Sorlin, Châteaugaillard, Arban vocable St-Laurent, Jujurieu, St-Marcelin vocables Saint-Philippe et Saint-Jacques, Villebois, Loyette ; à la nomination de l'abbé d'Ambronay.

Ordre de Saint-Augustin.

La Boisse, en Bresse, sous le vocable de Notre-Dame. A la nomination du Roi; congrégation de St-Ruf (du Dauphiné).

L'Isle-les-Serrières, en Bugey, même congrégation ; l'abbé de Saint-Ruf y nommait.

COMMANDERIES

Ordre de Malte.
(Grand prieuré d'Auvergne.)

La Musse, près Bâgé.

Cossieu, près Mirebel.

Les Feuillées, près Villette.

Ordre de Saint-Lazare.

Aigrefeuille ou Grifoille, près Bâgé-la-Ville.

Chartreuses.

Seillon, près Bourg ; Montmerle, près Saint-Julien ; Sélignat, près Treffort, en Bresse.

Meyriat, près Nantua ; Portes, près Saint-Rambert, en Bugey.

PAROISSES, EN BRESSE

Archiprêtré de Bourg.

Bourg dans la collégiale, Marboz, Saint-Martin-le-Chastel, Montrevel et Cuet, Saint-Jullien-sur-Ressouze, Attignat, Bény, Confrançon, Cras, Crottet, Curtafond, Etrée, Foissiat, Jayat, Lescheroux, Malafretaz, Mantenay, Montcet, Peronnas, Saint-Denis, Saint-Didier-d'Aussiat, Saint-Etienne-du-Bois, Saint-Sulpice, Viriat-Flériat.

Sous l'archiprêtré de Chalamont.

Saint-Etienne et Saint-Barthélemy-de-Montluel, Dagnieu, Villette et Loye, Meximieu, Saint-Romain-de-Mirebel, Saint-Martin-de-Mirebel, Pérouge, Saint-Christophle, Priay et Varambon, Villars, Balan, Beynost, Billignieu, Birieu, La Boisse, Bouligneux, Bressolle, Bublane et Châtillon-la-Palud, Calluire, Charnos, Cordieu, Crans, Faramans, Les Feuillées annexe de Châtillon-en-Dombes, Gordan ou Niost, Jallieu-Joyeux, Molon. Montelier, Niévroz, Pizay, Le Plantay, Rignieu-le-Franc, Romanèche avec Saint-André-de-Corcy et Saint-Marcel, Sainte-Croix, Saint-Eloy, Saint-Maurice-de-Beynost, Saint-Maurice-de-Gourdan, Samans, Til, Tramoyes, Versalieu, Villette-de-Richemont.

Archiprêtré de Sandrans.

Sandrans, Châtillon-lès-Dombes dans la collégiale, Saint-Paul-de-Varax, L'Abergement-Biziat, Buellas, Buinan annexe de Châtillon, Chanoz-Chatenay, Chaveyriat, Condeissiat, Greissiat, Laleiriat, Longchamps, Luponaz, Mézériat, Montfalcon, Montracol, Neuville-les-Dames, Perrex, La Pérouse, Romans-Saint-Georges, Saint-André-le-Bouchoux, Saint-André-le-Panoux, Saint-Cire-sur-Chalaronne, Saint-Cire-sur-

Menthon, Saint-Genis-sur-Menthon, Saint-Jullien-sur-Velle, Saint-Nizier-le-Désert, Saint-Remi près Bourg, Servas, Sulignat, Vendeins, Vonnas.

Sous l'archiprêtré de Trévoux ou de Dombes.

Notre-Dame-de-Pont-de-Velle, Autenans, Bey, Béreins, Bussige, Clémenciat, Cormaranche, Crusilie, Dompierre-de-Chalaronne, Fleurieu-Grièges, Lais annexe de Pont-de-Velle, Mespillat, Mionney, Montanay, Rillieu et Neyron, Saint-André-d'Huiriat, Saint-Jean-des-Adventures, Satonay.

Archiprêtré de Treffort.

Treffort, Oussiat et Pont-d'Ain, Arnans, Aromas, Bohas, Cessiat, Certine, Ceyzériat, Cise, Coisiat, Corent, Corveyssiat, Chaléas et Saint-Maurice d'Echazeau, Drom, Druilliat, Hautecour, Jasseron et Ramasse, Mellionas, Montagnat, Neuville-sur-Ain, Polliat, Pressiat, Revonnas et Journans, Rignat et Mériat, Romanèche-la-Montagne, Saint-Martin-de-Vaugrigneuse, Saint-Martin-du-Mont, Simandre, Tossiat, La Tranclière et Prin, Villereversure, Villette.

Archiprêtré de Coligny.

Saint-Martin-de-Coligny, Verjon, Cormangoux, Cormoz, Domartin, Domsure, Marsonnas, Pirajoux, Saint-Jean-d'Etreux, Saint-Remi-du-Mont, Villemotier.

Archiprêtré de Bâgé.

Notre-Dame et Saint-André-de-Bâgé, Notre-Dame de Pont-de-Vaux, Notre-Dame de Saint-Trivier, Arbigny, Bâgé-la-Ville, Béréziat, Boissey, Boz, Chavannes, Chevroux, Courtoux, Curciat, Feillens, Gorrevod, Manziat, Replonges, Saint-Bénigne, Saint-Etienne-sur-Ressouze, Saint-Jean-sur-Ressouze, Saint-Nizier-le-Bouchoux, Sermoyer, Servignat, Vécours.

PAROISSES, EN BUGEY

Archiprêtré d'Ambronay.

Saint-Nicolas-d'Ambronay, Saint-Jean-Baptiste-de-Lagnieu

collégiale, Saint-Martin-de-Pontcin collégiale, St-Antoine-de-Saint-Rambert, Saint-Germain-d'Ambérieu, St-Sorlin, Grolée, Chazey-sur-Ain, Loyettes, Villebois, Aran, Corlier et Mongriffon, Bénonces, Blie annexe de Chazey, Briord, Château-Gaillard annexe d'Ambérieu, Clézieu, Douvres annexe d'Ambronay, Jujurieu, Lantenay et Izenave, Leyment, Lomnat et Marchand, Lhuis, Mérignat, Montagnieu, Proulieu annexe de Saint-Sorlin, Saint-Benoit, Saint-Denis annexe d'Ambérieu, Saint-Jean-le-Vieux et l'Abergement-de-Varey, Saint-Jérôme, Châtillon-de-Corneille et Nivolet, Sainte-Julie, Saint-Maurice-de-Rémens et Rigneux-le-Désert, Saint-Vulbas, Seillonas, Serrière, Soudon annexe de Villebois, Torcieu ou Montferrand, Vaux et Ambutrix, Vieux-d'Izenave.

Sous l'achiprêtré de Septmoncel.

Saint-Michel-de-Nantua, Saint-Jean-Baptiste-de-Cerdon collégiale, Montréal, Arban, La Balme annexe de Cerdon, Bélignat, Bolozon, Chaley, Charix, Dortan et Vésias, Etable, Geovressiat, Izernore, Leyssard et Bolozon, Malliat, Martignat, Groissiat et Apremont, Matafelon, Mornay, Napt, Neyrolles annexe de Nantua, Oyonnax, Saint-Alban, Saint-Martin-du-Fresne, Port et Chevillard, Samognat, Sontonnas, Volognat.

MONASTÈRES ET COMMUNAUTÉS

Jacobins et Jésuites, à Bourg-en-Bresse.
Cordeliers à la grand'manche, à Bourg.
Cordeliers Observantins, à Pont-de-Vaux.
Capucins de Bourg — de Châtillon-lès-Dombes.
Missionnaires Joséphistes, à Verjon — à Nantua.
Augustins déchaussés, à Brou, près Bourg. — Eglise remarquable.
Augustins, à Montrevel.
Augustins déchaussés, à Montluel — à Montcroissant près Villars.
Lazaristes, à Bourg.

Religieuses de Sainte-Claire, à Bourg.

Ursulines, à Bourg — Pont-de-Vaux — Châtillon-lès-Dombes.

Visitandines, à Bourg — à Montluel.

Religieuses de la Congrégation Notre-Dame, à Nantua.

COLLÈGES

Bourg, régenté par les Jésuites.

Verjon et Nantua, par les Joséphistes.

Châtillon-lès-Dombes, par les prêtres de Saint-Charles, de Lyon.

Montluel, Pont-de-Vaux, Pont-de-Veyle, Saint-Trivier, Saint-Rambert, par des régents laïcs.

HOPITAUX

Hôtel-Dieu de Bourg, servi par les Augustines.

Hôpital général de Bourg servi par de pauvres filles.

Hôpital de Pont-de-Vaux, par les Hospitalières de Beaune.

Hôpitaux de Pont-de-Velle, Montluel, Bâgé, Châtillon-lès-Dombes, Saint-Trivier, Meximieux, Pérouges, Varambon, Nantua, Saint-Rambert, Ambronay, servis par des filles et dames dévotes.

OFFICIALITÉS

Officialité primatiale, à Lyon.

Officialité métropolitaine de Lyon, à Pont-de-Vaux, avec appel à l'officialité primatiale de Lyon.

Officialité purement diocésaine, à Montluel-en-Bresse.

Vice-gérance de cette officialité à Lagnieu pour le Bugey.

CHAPITRE TROISIÈME

De la province ecclésiastique de Besançon

Diocèse de Belley.

L'Evêque était le seul suffragant de Besançon en France. Il était seigneur de Belley et se disait prince de l'empire.

L'évêché siégeait à Belley depuis l'an 412. Le patron du diocèse est saint Jean-Baptiste. Chapitre à 6 dignités et 18 canonicats.

ABBAYE D'HOMMES
Ordre de Citeaux
Saint-Sulpice-en-Bugey, abbaye en règle.

ABBAYE DE FILLES
(Même ordre)
Notre-Dame-de-Bons, près Belley.

PRIEURÉS
Ordre de St-Benoît
Saint-Pierre-de-Conzieu, en Bugey, à la nomination de l'abbé de Cluny.

Saint-Laurent-d'Innimond, à la même nomination.

Ordre de Saint-Ruff
Notre-Dame d'Ordonnas : l'abbé de Saint-Ruff y nommait.

COMMANDERIE DE MALTE
Aroyer-en-Bugey, dépendait du grand prieuré d'Auvergne.

CHARTREUX
rre-Chastel, sur le Rhône.

PAROISSES, EN BUGEY
Archiprêtré de Belley
Saint-Laurent-de-Belley, Andert et Condom, Bons et Creussieu, Chasey près Belley, Chemillieu de Parves, Magneu et Billieu, Massigneu-de-Rive, Nattage et Parve, Saint-Blaise et Saint-Maurice-de-la-Balme, Saint-Champ et Chatonod.

Archiprêtré d'Arbignieu
Arbignieu, Ambléon, Bregnier, Colomieu, Conzieu et Saint-Bois, Gellignieu, Izie Peyrieu, Premeisel, Saint-Germain-des-Paroisses.

Archiprêtré de Virieu.

Saint-Romain et Saint-Etienne de Virieu-le-Grand, Rossillon, Arendas, Argis et Tenay, Armix, Prémillieu, Thézillieu, La Burbanche annexe de Rossillon. La Couz, Contrevoz et Pugieu, Innimond, Evauge et Oncieux, Longecombe et Hostias, Ordonnas annexe de Rossillon.

SÉMINAIRE

Séminaire de Belley.

MONASTÈRES ET COMMUNAUTÉS

Cordeliers et Capucins de Belley.
Ursulines et Visitandines de Belley.

HOPITAL

Hôpital de Belley.

OFFICIALITÉ

L'officialité diocésaine siégeait à Belley pour la partie qui dépendait du Parlement de Bourgogne. L'appel se portait à l'official métropolitain de Besançon qui siégeait à Seurre.

On ne parle pas ici des parties du diocèse de Belley qui se trouvaient en Dauphiné et en Savoie.

CHAPITRE QUATRIÈME

De la province ecclésiastique de Vienne.

Diocèse de Genève, siège transféré à Annecy.

L'évêque, premier suffragant de Vienne, se disait prince de Genève. Le patron du diocèse était saint Pierre. L'église des Cordeliers d'Annecy servait de cathédrale depuis la Réforme. Il y avait 30 chanoines, docteurs ou nobles.

PRIEURÉS

Ordre de Saint-Benoît.

Saint-Christophle de Talissieu, en Bugey. L'abbé de Cluny, le prieur de Nantua, le seigneur de Grolée s'en disputaient la nomination.

Saint-Ennemond de Ceyzérieu, uni au Chapitre de Belley.

Saint-Nicolas de Ville, en Michaille, à la nomination du prieur de Nantua.

Saint-Eugène de Belmont, en Valromey, à la nomination de l'abbé de Saint-Claude.

Saint-Martin d'Anglefort, à la nomination de l'abbé d'Ambronay.

Saint-Ouen de Prévessin, au pays de Gex ; la princesse de Charollais y nommait ayant par devers elle la jouissance du domaine de Gex.

Saint-Jean près Genève, au pays de Gex, à la nomination de l'abbé d'Ainay.

Seyssel, en Bugey, uni au Chapitre d'Annecy.

Cessy et Divonne, au pays de Gex, unis à l'abbaye de Saint-Claude.

Asserans, au pays de Gex, uni au prieuré de Nantua.

Ordre de Cîteaux.

Les Bernardines de Seyssel.

CHARTREUX

Arvières en Valromey.

PAROISSES EN BUGEY

Archiprêtré de Seyssel.

Notre-Dame Saint-Blaise de Seyssel. (Le reste hors de nos limites.)

Archiprêtré du Haut-Valromey.

Lompnieu, Abergement (grand et petit), Hotonne, Ruffleu, Songieu et Lillignod, Sutrieu.

Archiprêtré du Bas-Valromey.

Chavornay, Champagne et Fitigneu, Belmont et Chandossin, Charancin et Saint-Maurice, Lochieu et Brenas, Passin, Chemillieu et Poisieu, Luthézieux, Vieu, Virieu-le-Petit et Romanieu.

Archiprêtré de Flacieu.

Flacieu, Béon et Culos, Cezeyrieu, Chanas, Lavours, Pollieu et Cressin, Saint-Martin-de-Bavel, Talissieu et Amézieu, Vongnes et Marignieu, Yon.

Archiprêtré de Champdor.

Champdor et Corcelles, Brénod, Hauteville et Cormaranche.

Archiprêtré de Champfromier.

Champfromier et Giron, Ardon et Châtillon-de-Michaille, Anglefort, Arlod, Billiat, Chanay, Corbonod, Cras, Echallon et Bellaydoux, Injou et Genissiat, Lalleyriat, Lhopital, Montange, Musinens, Ochias, Retord, Saint-Germain-de-Joux, Songieu, Ville, Vouvray.

PAROISSES AU PAYS DE GEX

Archiprêtré du Haut-Gex.

Saint-Pierre de Gex, Chevry, Crozet, Divonne, Ferney, Grilly, Haire-la-Ville, Matignien, Meyrin, Moens, Ornex, Pregny, Prevessin, Sacconex, Sauverny, Cessy et Tougin, Verny, Vesancy annexe de Gex, Versonnex, Versoy.

Archiprêtré du Bas-Gex.

Peron, Pougny, Challex, Farge et Collonge, Pouilly, Rutlin, Saint-Jean-de-Gonville, Thoiry et Allemogne.

MONASTÈRES ET COMMUNAUTÉS

Carmes de Gex.
Capucins de Gex, — de Seyssel.
Jésuites, à la mission d'Ornex.
Augustins noirs à Seyssel.

COLLÈGE

Le collège de Gex.

HOPITAUX

Hôpitaux à Gex et à Seyssel, servis par des Dévotes.

OFFICIALITÉ

L'officialité métropolitaine de Vienne sur la partie du diocèse de Genève rière France, s'exerçait à Dijon et ressortissait au Pape.

L'officialité diocésaine, pour les paroisses rière France, siégeait à Seyssel et ressortissait au même métropolitain.

CHAPITRE CINQUIÈME

Le clergé de Bresse, Bugey et Gex sur le fait des impositions.

Ce clergé était divisé en trois corps : 1° Corps du diocèse de Lyon en Bresse et Bugey ; 2° Corps du diocèse de Belley ; 3° Corps du diocèse de Genève rière France. Chaque diocèse avait ses charges particulières indépendantes du clergé de France, malgré les prétentions de celui-ci.

Les assemblées du clergé de la partie du diocèse de Lyon en Bresse et Bugey se tenaient à Bourg. On y élisait un député des hauts Bénéficiers, un des Chapitres, un des Curés, un des Chartreux. Ces députés répartissaient les impositions sur les Bénéficiers qui payaient aux mains d'un receveur à Bourg, choisi par l'assemblée. La Chambre ecclésiastique siégeait à Bourg.

Le clergé du diocèse de Belley tenait ses assemblées dans cette ville épiscopale. On y nommait, à chaque triennalité, un député pour le Chapitre de la cathédrale et un pour les curés. Ces députés, avec l'évêque de Belley et l'abbé de Saint-Sulpice, députés perpétuels des hauts Bénéficiers, composaient la chambre ecclésiastique de ce diocèse, faisaient les impositions qui se versaient chez le receveur à Belley.

Le clergé du diocèse de Genève, rière France, était convoqué à Seyssel par l'official. Les députés élus composant la chambre ecclésiastique y faisaient les impositions qui se versaient chez le receveur à Seyssel.

En cas d'affaire intéressant le clergé de tout le Bugey, tant du diocèse de Lyon que de ceux de Belley et de Genève, l'assemblée générale, par députés, avait lieu au palais épiscopal de Belley.

Quand il fallait convoquer le clergé entier des trois pays, l'assemblée choisissait elle-même la ville où l'on se réunirait : Pont-d'Ain d'ordinaire.

Depuis 1626, le Présidial de Bourg connaissait en dernier ressort de tous procès et différends sur le fait des impositions du clergé de Bresse, Bugey, Valromey et Gex.

Le clergé de nos pays, depuis l'annexion au temps d'Henri IV, jouissait de privilèges spéciaux qui allégeaient singulièrement ses charges pécuniaires. Le clergé de France attaqua plusieurs fois ces privilèges, mais ce fut en vain. Nos députés ecclésiastiques surent toujours faire prévaloir en cour ces différentes immunités qui vécurent jusqu'à la Révolution.

TROISIÈME PARTIE

Le gouvernement militaire des provinces de Bresse, Bugey et Gex.

La Bourgogne étant la première duché-pairie de France, elle suivait immédiatement, dans les assemblées des Etats-Généraux du royaume, le gouvernement de Paris et de l'Ile de France.

De 1632 jusqu'en 1789, les gouverneurs de Bourgogne, les nôtres, furent les Condé.

LIEUTENANCE DE ROI

Il y avait en Bourgogne six lieutenances générales ou six lieutenances de roi.

La sixième de ces fonctions comprenait dans son département la Bresse, le Bugey, le Valromey et le pays de Gex.

Dans cette lieutenance générale, on comptait 12 villes ou places munies d'un gouverneur particulier, assisté d'un major. C'étaient : Bourg, Montluel, Pont-d'Ain, Châtillon-lès-Dombes, Pont-de-Velle, Belley, Seyssel, le fort de Pierre-Chastel tenu par les Chartreux, le pont de Chanaz ou de Lavours, le pont d'Arlod, le fort de l'Ecluse, la ville de Gex. — Les de Choin furent gouverneurs de Bourg pendant 150 ans à peu près.

SÉNÉCHAUSSÉES. — GRANDS BAILLIAGES

La seconde et dernière des sénéchaussées de Bourgogne comprenait la Bresse, le Bugey et le pays de Gex.

Des treize bailliages ayant bailli d'épée, le 11e était le bailliage de Bresse, le 12e le bailliage de Bugey et Valromey, le 13e le bailliage de Gex.

Le sénéchal et les baillis, lors de la convocation du ban et de l'arrière-ban, commandaient les vassaux et arrière-vassaux du roi. Ces deux fonctions étaient devenues purement honorifiques dans les deux derniers siècles de la monarchie,— de même que les intendants annihilèrent les gouverneurs de province, si puissants jadis. Voir le pourquoi dans Chéruel : « *Dictionnaire des mœurs et coutumes de la France* », aux mots: bailli, sénéchal, gouverneur, intendant.

LIEUTENANCE DES MARÉCHAUX

Il y avait au bailliage de Bourg un lieutenant de messieurs les maréchaux de France. Cet officier connaissait et jugeait du point d'honneur entre les gentilshommes de la province.

MARÉCHAUSSÉE

Il y avait, dans la province de Bourgogne, 11 maréchaussées particulières.

De Bourg dépendaient les brigades de Montluel et de Saint-Julien.

A Belley, une brigade.

Une autre brigade à Nantua, avec détachement à Saint-Martin-du-Fresne.

Une brigade à Gex.

Le prévôt général était à Dijon.

La maréchaussée assurait la sûreté publique ; elle a fait place à la gendarmerie. Elle avait juridiction pour les duels et rencontres à charge d'appel au Parlement.

COMMISSARIAT DES GUERRES

Les pays de Bresse, Bugey et Gex formaient un département de commissaire des guerres. Ce fonctionnaire était chargé de veiller à l'approvisionnement des armées, aux vivres, aux fourrages, à la solde, au logement, etc.

QUATRIÈME PARTIE

Le gouvernement civil (Justice) en Bresse, Bugey et pays de Gex.

PARLEMENT

A Dijon siégeait le Parlement de Bourgogne : nos trois petits pays étaient de son ressort depuis notre annexion en 1601. Nos affaires se portaient donc, suivant le cas, à une des quatre chambres de ce Parlement : *la grande Chambre, la Tournelle, la Chambre des enquêtes* et *la Chambre des requêtes.*

CHAMBRE DES DOMAINES DU ROI

A Dijon siégeait la Chambre du domaine, menée par des trésoriers généraux de France. Elle connaissait jusqu'à 250 livres; au-delà, appel était fait au Parlement. Cette Chambre jugeait tous procès et différends concernant les domaines du roi et les droits domaniaux, la grande et la petite voirie, le recouvrement des amendes, les droits de ferme, etc.

BAILLIAGES ROYAUX

Bailliage de Bourg.

Bourg était le huitième bailliage principal de la Bourgogne. Y plaidaient en première instance les villes de Bourg et de Montluel et toutes les paroisses dépendant des châtellenies royales de ces deux villes.

A ce bailliage ressortissaient les comtés de Baneins, Béreins. Bouligneux, Châteauvieux, Colligny et Monternoz ;

Les baronnies d'Attignat, Béost, Buhene, Chandée, Châtenay, Châtillon-la-Palud, Choin, Corgenon, Corned, Corsent, Fromentes, Hauvet, Langes, Loyes, Méximieux, Mentdidier, Montfalcon, Montjouvent, Montribloud, Pérouges, Pommier, Richemont, Saint-Christophle, Sandrans;

Les seigneuries de l'abbaye de la Chassagne, des prieurés de Domsurre, de Villereversure et de Neuville-les-Dames, des commanderies de la Musse, des Feuillées, de Coffieu, de Grifoille et des chartreux de Seillon, Montmerle et Sélignat;

Toutes les paroisses et villages des mandements de Bresse qu'on a cités au chapitre premier de cet ouvrage; l'ordre, par mandement, est en tête de la *Topographie de l'Ain* par M. Guigue;

Les mairies de Bourg, Bâgé, Châtillon-lès-Dombes, Loyes, Marboz, Méximieux, Montluel, Montrevel, Pont-d'Ain, Pont-de-Vaux, Pont-de-Velle, Saint-Laurent-lès-Mâcon, Saint-Martin-le-Château et Saint-Trivier.

Nota. — Le duché de Pont-de-Vaux; les marquisats de Villars, Varambon, Saint-Martin-le-Châtel et Treffort; les comtés de Montrevel, Varax, Pont-de-Velle, Châtillon-lès-Dombes et Saint-Trivier prétendaient que leurs justices d'appel devaient aller nuement au Parlement. Les officiers du bailliage de Bourg y contredisaient : la querelle interminable ne fut jamais vidée.

Bailliage de Bugey.

C'était le neuvième bailliage principal. Toutes les paroisses de la châtellenie de Seyssel y plaidaient en première instance. A ce bailliage ressortissaient :

La seigneurie de l'évêché et ville de Belley;

Le marquisat de Rougemont;

Le comté de Rossillon;

Les baronnies de la Bâtie, Briord, Corcelles, la Cueille, Flacieu, Mornay, Nantua, Nattage, Saint-Denis, Silans et Varey;

Les seigneuries des abbayes d'Ambronay, de **Saint-Rambert**, de Saint-Sulpice, de la commanderie d'Aroyer, des chartreuses de Pierre-Châtel, Portes, Meyriat et Arvières, des prieurés de Conzieu et de Saint-Benoit, et des terres que les abbayes d'Hautecombe et de Chézery avaient dans ce bailliage ;

Toutes les paroisses et villages des mandements du Bugey qu'on a cités au chapitre premier de cet ouvrage ; l'ordre, par mandement, est en tête de la *Topographie de l'Ain*, de M. Guigue, ou dans Garreau, p. 317 et suivantes ;

Les mairies de Belley, Ambérieu, Ambronay, Cerdon, Champagne, Chazey-sur-Ain, Châtillon-de-Michaille, Lagnieu, Loyettes, Montréal, Nantua, Poncin, Rossillon, Saint-Rambert, Saint-Sorlin, Villebois.

Bailliage de Gex.

C'était le dixième bailliage principal. Y plaidaient en première instance les dépendances des châtellenies royales de Gex, Versoy, Meyrin et Saint-Jean-de-Gonville, qui comprenaient la ville de Gex, Chevry, Crozet, Maconex, Pouilly, Sacconex, Saint-Jean-de-Gonville, Cessy, Sauverny, Thoiry, Tougin, Verny, Versoix, Versonnex, Vesancy ;

La baronnie de la Pierre, la justice du prieuré de Prévessin et toutes autres seigneuries du pays de Gex ;

La mairie de Gex.

Ces trois bailliages de Bourg, Belley et Gex connaissaient en première instance des appositions, reconnaissances et levées des scellés, confection d'inventaires des biens roturiers, visite des chemins, estimation de mésus dans les héritages, adjudication de pension de mineurs non nobles, des revenus de leurs biens, de leurs biens mêmes, des subhastations des biens fonciers, etc. Ils ne pouvaient condamner que jusqu'à concurrence de trois livres et suivaient encore dans leur jurisprudence le statut de Savoie, de 1430, donné par le duc Amé VIII.

LE PRÉSIDIAL

Les présidiaux jugeaient en dernier ressort au civil jusqu'à

250 livres; au criminel, ils jugeaient les cas prévôtaux arrivés dans le ressort des bailliages auxquels ils étaient unis. Leur appel — au civil et au criminel — se relevait au Parlement de Dijon.

Il y avait en Bourgogne huit présidiaux. Bourg avait le sixième rang.

Ce présidial était pour la Bresse, le Bugey, le Valromey et le pays de Gex. Il était chargé, par surcroît, des contestations qui survenaient pour raison des impositions dans le clergé des mêmes pays.

BAILLIAGES SEIGNEURIAUX ET JUSTICES D'APPEL QUI RESSORTISSAIENT NÛMENT AU PARLEMENT

Bâgé. — Marquisat sis en Bresse.

Miribel. — Marquisat en Bresse.

Saint-Rambert. — Marquisat en Bugey, avec Saint-Sorlin.

Marquisat de Valromey.

Comté de Montréal, en Bugey.

Comté de Grôlée, en Bugey.

Tous les seigneurs de ces terres prétendaient ressortir droitement au Parlement de Dijon, pour toutes leurs justices, sur tous les clochers et lieux dépendants. Les bailliages et le présidial surtout y faisaient opposition. La lutte dura un siècle : la Révolution y mit fin. — Voir dans Garreau les nombreux villages que chacun de ces seigneurs prétendait mener nûment à Dijon.

DES MAIRIES ET CHAMBRES DU CONSEIL DES VILLES

Les Mairies qui avaient la Justice contentieuse ordinaire, civile et criminelle, les Mairies dans les villes desquelles il y avait Châtellenie et Bailliage connaissaient de tout ce qui concerne la Police, soit en vertu d'anciens droits, soit en vertu de l'édit de 1700 qui unit à toutes ces Mairies les droits et fonctions dévolus aux lieutenants de police.

L'appel des ordonnances et jugements des Mairies se portait

au Bailliage en matière civile et au Bailliage ou au Parlement pour le criminel. Les cas de Police ressortissaient toujours au Bailliage. Les questions de nomination, préséance, brigue, monopole, sédition allaient au Parlement.

Tous les appels de la Mairie de Bourg, en fait de police, allaient nuement au Parlement, par privilége spécial.

JURISDICTION DES EAUX ET FORÊTS

Cette Jurisdiction connaissait en dernier ressort, par-devant le Parlement, des faits concernant l'usage, les abus, délits et malversations dans les Eaux et Forêts du Roi, dans les affaires de chasse, etc.

Cette Jurisdiction avait son siége général à la Table de marbre à Dijon. Elle était représentée dans toute la Province par six maitrises particulières. La sixième de ces maitrises siégeait à Mâcon. Elle occupait pour la Bresse, le Bugey, le Valromey, le pays de Gex et pour la Gruerie de Bourg.

Toutes les Justices des Seigneuries de nos trois pays ressortissaient immédiatement, en fait d'Eaux et Forêts, à la Table de marbre de Dijon.

LA COUR DES MONNAIES

Elle avait son siége à Dijon. — En cas d'appel nos pays s'adressaient contre elle à la Cour des Monnaies de Lyon. Le Général provincial des Monnaies jugeait en dernier ressort. — Les Monnaies frappées à Dijon étaient marquées d'un P.

DES PAYS DE DROIT ÉCRIT

La Bresse proprement dite, le Bugey, le Val-Romey, le pays de Gex étaient régis par le droit romain. — Néanmoins, dans la décision de plusieurs matières, on avait recours aux anciens Statuts des ducs de Savoie.

Le reste de la Province de Bourgogne, par contre, était pays coutumier, usant d'une coutume rédigée en 1459 et revue souventes fois depuis.

CINQUIÈME PARTIE

Le Gouvernement civil (Finances) en Bresse, Bugey et pays de Gex.

LA CHAMBRE DES COMPTES

Elle siégeait à Dijon. Elle examinait et jugeait les comptes du Trésorier général des États de Bourgogne, des receveurs généraux des Finances, des receveurs des tailles des Élections de Bourg et Belley. des receveurs généraux des Domaines, des Comptes, des Octrois des villes et bourgs, etc., etc.

LA COUR DES AYDES

Le Parlement de Bourgogne, agissant en cette matière, connaissait par appel et quelquefois en première instance des Tailles des pays de Bresse, Bugey et Gex ; des Gabelles, des Traites foraines, tabac et grenier à sel, etc.

LES ÉLECTIONS

Les Élus jugeaient en première instance les affaires qui concernent la Taille et en dernier ressort les contestations de surtaxe jusqu'à 20 livres. Les Élus chaque année assistaient au département de la Taille fait par l'Intendant en leur Élection.

Nous avions deux élections. Celle de Bourg pour la Bresse (neuf Élus).

Celle de Belley pour le Bugey et Gex (sept Élus).

LES GRENIERS A SEL. — LES JUSTICES DES GABELLES.
ENTREPÔTS DE SEL

Bourg était le siège d'une direction des greniers à sel pour la Bresse.

Bourg fournissait les bureaux suivants :

Bourg. Pont-de-Vaux, Pont-de-Velle. Châtillon-lès-Dombes, Montluel et Pérouges.

Belley fournissait le Bugey et Gex par les bureaux suivants :

Belley, Lagnieu, Seyssel, Nantua, Gex et Champagne pour le Valromey.

Il y avait à Bourg une Justice des gabelles dépendant de la Gabelle du Lyonnais.

Nous étions pays de petite gabelle et jouissions d'un sel plus blanc que dans les autres pays de France; notre sel venait de Pécais en Languedoc.

JUSTICE DES TRAITES FORAINES ET TABAC

Les Douanes et les Contributions indirectes de nos jours représentent assez bien cette ancienne administration, qui avait deux sièges dans nos pays dépendant des Traites du Lyonnais :

Bourg avec les bureaux de Cormoz, Donsurre, Coligny, Chevignat, Verjon, Toirette, Treffort, Simandre, Montluel;

Nantua avec les bureaux de Dortan, Echallon, Gex, Versoix, Collonges, Châtillon-de-Michaille, Seyssel, Champagne, Belley, Serrière, Lagneux, Loyettes, Saint-Rambert et Poncin.

Bourg était un des quatre grands entrepôts de tabac de la Province de Bourgogne. Belley avait à son tour des entrepôts à Ambérieu, Belley, Seyssel, Nantua et Gex.

La Recette générale des gabelles, traites et tabacs de Bourg était à Lyon.

LE BUREAU DES FINANCES

Il siégeait à Dijon et se composait des mêmes officiers que ceux de la Chambre du Domaine. Il avait la haute main sur tous les comptables de la Finance et intervenait, par délégués, dans le département des Tailles de nos provinces.

L'INTENDANT

L'Intendant de Justice, Police et Finances au Duché de Bourgogne et pays de Bresse, Bugey, Valromey et Gex, résidait à Dijon. Il connaissait de l'exécution des arrêts, édits et ordres du Conseil du Roi qui lui étaient adressés, de la ferme des postes, coches et carrosses, de celle des poudres et salpêtres, de celle du contrôle des notaires, petit-scel et insinuations laïques, du timbre, des amortissements, nouveaux acquets et francs fiefs ; des Traites et recouvrements extraordinaires ; de ce qui concerne les troupes et haras ; — et spécialement des dettes et affaires des Communautés des villes, bourgs et paroisses de Bresse, Bugey, Valromey et Gex.

Il était représenté dans les pays dépendants de son autorité par des subdélégués.

SUBDÉLÉGATIONS

Nous avions une Subdélégation à Bourg pour la Bresse et le Revermont.

Une à Belley pour le Bugey.

Une à Nantua pour partie du Bugey.

Une à Gex pour le pays de Gex.

Il y avait encore à Dijon un *Intendant de la Marine* qui avait des officiers en Bugey et Gex pour acheter les bois nécessaires aux vaisseaux du Roi ; et en Bresse pour acheter le chanvre renommé du pays pour les cordages desdits vaisseaux.

SIXIÈME PARTIE

Administration provinciale.

La Bresse, le Bugey, le pays de Gex, pays d'élection.

Dans ces trois provinces, dites pays d'élection, le clergé, la noblesse et le tiers-état ne pouvaient rien imposer sans lettres patentes du roi, ni faire d'assemblées générales ou particulières sans le consentement de Sa Majesté ou du gouverneur de Bourgogne. L'assemblée des trois ordres, ou d'un seul ordre des mêmes pays, se tenait d'ordinaire à Pont-d'Ain, lieu central sis sur les limites de Bresse et de Bugey.

Quand il fallait imposer sur les trois ordres une somme quelconque, les syndics du clergé, de la noblesse et du tiers s'assemblaient pour faire la répartition sans que les syndics du clergé et de la noblesse puissent rien faire passer à la pluralité des voix, ni avoir deux voix contre celle du tiers-état. En cas de non entente entre les ordres, l'intendant tranchait la question. Il faut noter, à propos d'impositions sur le tiers-état, que la Bresse en payait les trois cinquièmes; le Bugey, le Valromey et le pays de Gex les deux autres cinquièmes, dont un dixième à la charge du pays de Gex. — Les Etats de nos trois pays, conservés à l'annexion par Henri IV, remontaient haut dans le temps des ducs de Savoie : au XVᵉ siècle ils existaient déjà.

DU PAYS DE BRESSE

On a vu au chapitre cinquième de la seconde partie comment et où se faisaient les assemblées du clergé de Bresse. Nous allons parler ici de celles des autres ordres.

La noblesse de Bresse, pour ses affaires particulières, tenait à Bourg, de trois ans en trois ans, des assemblées convoquées par ses syndics en suite de permission du gouverneur de la province. Le bailli d'épée, averti que la réunion pouvait avoir lieu, convoquait par lettres circulaires tous les gentilshommes appartenant à l'ordre. Dans cette réunion, tenue chez ledit bailli, ou, en son absence, chez le lieutenant général, on nommait les syndics pour la future triennalité et on examinait les titres de ceux qui se présentaient pour être agrégés au corps de la noblesse. Il fallait au moins 60 ans de noblesse pour poser sa candidature d'accession à l'ordre. Les syndics en charge faisaient toutes les affaires de leur corps; l'un d'entre eux faisait les fonctions de receveur, et compte du tout était rendu à l'assemblée générale.

Le tiers-état tenait ses réunions dans la grande salle du

présidial, à Bourg, au jour indiqué par le gouverneur de Bourgogne ; c'était toujours un mois au moins avant la tenue des Etats généraux de Bourgogne.

La réunion ainsi indiquée, les syndics du tiers la faisaient connaitre aux 25 mandements de Bresse qui sont : Bourg, Bàgé, Villars, Pont-de-Vaux, Saint-Julien-sur-Ressouze, Châtillon-lès-Dombes, Pont-de-Velle, Saint-Trivier, Montrevel, Lange, Pont-d'Ain, Varambon, Loyes, Pérouges, Miribel, Montaney, Saint-Paul-de-Varax, Gordans, Villereversure, Bouligneux, Montdidier, Coligny, Treffort et Jasseron.

Ces mandements, formés chacun d'un certain nombre de communautés, envoyaient leurs députés à Bourg pour la veille de l'assemblée générale. Dans une assemblée particulière chez le bailli d'épée, ils se concertaient sur les propositions qu'on ferait le lendemain. Ces propositions arrêtées, le secrétaire de la province les rédigeait par écrit et, le jour suivant, le bailli d'épée, accompagné des syndics généraux, arrivés au présidial, prenaient place dans les bancs de Messieurs pendant que les députés des mandements s'asseyaient dans les bancs des avocats.

Le plus ancien des syndics généraux requérait la lecture des cahiers ou propositions des ordres. Cette lecture faite, il était donné connaissance des lettres du gouverneur par lesquelles il marquait les sujets qui lui paraissaient propres à remplir les fonctions de syndics, de conseillers ou de secrétaire. Ce choix fait, on traitait des affaires du pays et on examinait la gestion des syndics sortant de charge.

Quant aux cahiers lus et arrêtés, ils étaient portés au gouverneur et à l'intendant, à Dijon, au temps des Etats généraux de Bourgogne, par le plus ancien syndic. Ensuite ce même syndic portait ces cahiers au roi, à Paris, pour obtenir les lettres d'assiettes nécessaires à l'imposition des sommes arrêtées en assemblée générale, lettres d'après lesquelles l'intendant faisait l'imposition de la taille avec les officiers de l'élection.

Les syndics du tiers rendaient compte à la chambre des comptes des deniers qui leur avaient été remis en suite de l'imposition pour la poursuite des affaires, après toutefois que ce compte avait été vu par une assemblée particulière du pays.

Il y avait deux sortes d'assemblées particulières. L'une n'était que des trois syndics conférant entre eux seulement; l'autre dite « assemblée du Conseil du pays », se composait de trois syndics, de six conseillers et du secrétaire, élus en assemblée générale. Ce conseil, convoqué par les syndics, se tenait chez le bailli d'épée, président. Les maires, procureurs du roi et greffiers sont institués par ce conseil.

La taille s'imposait par l'intendant, deux trésoriers de France et les Elus en l'élection de Bourg, en vertu des lettres d'assiette du roi. Avec elle s'imposaient la subsistance des troupes, l'exemption des quartiers d'hiver et autres charges. Le receveur des tailles, à Bourg, envoyait ses deniers à la recette des finances, à Dijon.

DU PAYS DE BUGEY

On a parlé, au chapitre cinquième de la deuxième partie des assemblées du clergé de Bugey. Ne parlons ici que de la noblesse et du tiers-état.

La noblesse faisait ses assemblées triennales à Belley, par permission du gouverneur de Bourgogne, chez le bailli d'épée ou le lieutenant général, en suite d'une convocation circulaire. Les affaires du corps y étaient délibérées et conduites par trois syndics, trois commissaires, un secrétaire, tous gentilshommes, qui étaient en charge pour la triennalité et qui rendaient compte en assemblée générale.

Le tiers-état tenait ses assemblées générales de triennalité, par permission du gouverneur. Ses députés étaient ceux de Belley, Seyssel, Saint-Rambert, Nantua, Lagnieu, Poncin, Cerdon, Ambronay, Châtillon-de-Michaille, Rossillon, Rougemont, Montréal, Ambérieu, Varey, Lompnas, Grolée, Saint-

Sorlin, Peyrieu, Culoz, Virieu-le-Grand, Champagne et Saint-André-de-Briord. Les villes de Belley, Seyssel, Saint-Rambert et Nantua avaient deux voix chacune.

On traitait, dans ces assemblées, de toutes les affaires du pays; on y nommait trois syndics, cinq conseillers et un secrétaire qui administraient pour trois ans et tenaient, à cet effet, leurs assemblées particulières chez le bailli d'épée; on y arrêtait les propositions nécessaires pour obtenir du roi les lettres d'assiette indispensables à l'établissement des impôts.

Celui des syndics généraux de Bugey, député pour porter à Dijon et au roi les cahiers de sa province, prenait, en passant à Bourg, son collègue de Bresse chargé de la même fonction. Tous deux, joints aux élus des Etats généraux de Bourgogne, assistaient à la cérémonie de la remise des cahiers au roi. Nos deux députés étaient à genoux pendant le discours du député des Etats; mais ce discours fini, ils se levaient et s'approchaient du fauteuil du roi pour remettre leurs cahiers. Le député de Bugey donnait, avec les siens, ceux du pays de Gex.

Cette cérémonie faite, il se tenait des conférences, à Paris, soit chez le gouverneur, soit chez l'intendant; tous les députés de la province y assistaient. Les cahiers étaient une dernière fois examinés, après quoi le Conseil d'Etat y faisait les réponses dues, nécessaires ou demandées. C'était à ce moment-là qu'on sollicitait au Conseil les déclarations royales, les arrêts du Conseil et les autres ordonnances nécessaires à l'administration de la province pour trois ans.

La Bresse et le Bugey ayant même forme de gouvernement, ce que l'on a observé à l'égard de l'un de ces pays s'applique à l'autre. La taille s'appliquait en Bugey comme en Bresse, au pays de Gex aussi.

On trouve, au chapitre premier de ce travail, les villes, paroisses et communautés de nos pays sur lesquelles on faisait des impositions. On devrait redonner ici ces villes et villages par mandements de taille, mais ce serait une longue nomenclature inutile actuellement.

On trouvera ce travail tout fait, soit dans la description de Bourgogne, par Garreau, pages 317 et 599, soit dans le Dictionnaire d'Expilly, soit en tête de la *Topographie de l'Ain*, de M. Guigue.

DU PAYS DE GEX

Quoique ce pays soit de l'élection de Belley, les trois ordres, ou l'un d'eux, s'y assemblent, quand besoin est, pour délibérer sur ses affaires. Les assemblées se font à Gex, par permission du gouverneur de Bourgogne. On y nomme les syndics de chaque ordre, et le tiers-état est représenté par un député de chaque communauté du pays.

NOTICE

Sur l'origine, l'état et l'administration de la principauté de Dombes.

Le pays de Dombes faisait jadis partie du royaume de Bourgogne. A la décadence, et dans l'usurpation générale de ce royaume, différents seigneurs particuliers s'érigèrent en souverains. Telle est l'origine des comtes de Provence, des comtes de Savoie et de Bresse et des sires de Bâgé et de Villars. Ces deux derniers occupèrent la Dombes et sont les plus anciens seigneurs qu'on lui connaisse.

Ce pays passa depuis aux sires de Thoire et ensuite aux sires de Beaujeu, d'abord par l'acquisition et la conquête que fit Guichard II de quelques terres et châteaux en Dombes, voisins de sa seigneurie de Beaujeu en Beaujolais séparée de la Dombes par la Saône, et enfin par le mariage d'Humbert V sire de Beaujeu avec Marguerite de Bâgé fille de Guy, en 1218.

Antoine de Beaujeu, le dernier de cette branche, étant mort

sans enfants, Edouard II, son cousin germain, lui succéda en 1373. Une fâcheuse affaire que s'attira celui-ci à l'occasion de l'enlèvement et de l'homicide d'une fille le força de faire donation en 1402 des seigneuries de Dombes et de Beaujolais à Louis II, duc de Bourbon.

Pierre de Bourbon, dit de Beaujeu, descendant de Louis, fut marié à Anne de France fille de Louis XI. De ce mariage naquit Suzanne de Bourbon, qui, malgré ses infirmités, épousa en 1505 le Connétable Charles de Bourbon. Elle lui fit donation universelle de tous ses biens parmi lesquels était la Dombes. Cette princesse mourut en 1521, sans enfants, confirmant à nouveau dans son testament la donation dont on vient de parler. La duchesse de Bourbon-Beaujeu, Anne de France, belle-mère du Connétable, mourait à son tour en 1522, confirmant encore par son testament celui de sa fille Suzanne.

Cependant Louise de Savoie, mère de François Ier, excitée par de tristes motifs de ressentiment contre le Connétable, lui suscita un procès au sujet des grands biens que lui laissait Suzanne de Bourbon sa cousine germaine : elle prétendait les posséder par droit du sang. Le connétable dépité quitta la France en 1523 et passa au service de l'ennemi de François Ier, l'empereur Charles V.

A cette nouvelle François Ier mit la main sur les biens du Connétable et par conséquent sur la Dombes. En novembre 1523 il créa dans ce petit pays un conseil souverain devant siéger à Lyon et y rendre la justice aux Dombistes, au lieu et place de l'ancien conseil des ducs de Bourbon lequel siégeait à Moulins.

Après Pavie, François Ier prisonnier à Madrid, dut insérer dans le traité qu'il fallait faire avec Charles V une clause par laquelle seraient rendus au Connétable tous les biens sur lui saisis en 1523. Mais cet article désastreux ne s'exécuta point et le Connétable mourut, non satisfait, en 1527, à Rome.

Il laissait pour héritier Louis de Bourbon comte, puis duc de Montpensier son neveu, qui était fils d'une sœur du Con-

nétable mariée au prince de la Roche-sur-Yon. Cette princesse réclama en vain pour son fils l'exécution tant du testament de son frère et de la donation à lui faite par Suzanne de
Bourbon-Beaujeu que du traité de Madrid de 1526, et même
de celui de Cambray de 1529 qui stipulait remise de tous les
biens du Connétable à son héritier. Ce ne fut qu'en 1560, sous
François II, que Louis de Bourbon duc de Montpensier obtint
la restitution des seigneuries de Dombes et de Beaujolais.

Louis de Bourbon-Montpensier, une fois tranquille posses-
seur de la Dombes, confirma la création du parlement ou
conseil souverain séant à Lyon, ainsi que celle d'un bailliage
pour ce pays, installé à Trévoux, suivant en cela les patentes des rois François Iᵉʳ et Henri II de 1523 et 1558.

Ce duc Louis eut pour successeur François de Bourbon son
fils, qui fut à son tour remplacé par Henri, lequel laissa une
fille unique Marie de Bourbon. Elle épousa en 1626 le duc
d'Orléans, Gaston de France, frère de Louis XIII. C'est d'eux
que naquit Anne-Marie-Louise d'Orléans, duchesse de Montpensier, la grande mademoiselle.

En 1680 cette princesse dut céder la souveraineté de
Dombes au duc du Maine, bâtard de Louis XIV. En 1693,
date de sa mort, le duc entra en possession de la principauté:
il en a joui, lui et ses deux fils, jusqu'en 1762 que le comte
d'Eu l'échangea avec le Roi pour le duché de Givors.

La principauté de Dombes était bornée au septentrion et à
l'orient par la province de Bresse, au midi par le Franc-
Lyonnais, à l'occident par le Lyonnais, le Beaujolais et partie
du Mâconnais, la Saône entre deux.

Son étendue du midi au nord était de six lieues et d'environ autant de l'occident à l'orient. Trévoux, la capitale,
était et est située sur le penchant d'une colline, rive gauche
de la Saône, à quatre lieues de Lyon; Thoissey, Chalamont,
Lent, Saint-Trivier étaient réputés « villes considérables »
de la Dombes. Le pays formait 12 châtellenies : Trévoux,
Thoissey, Montmerle, Beauregard, Saint-Trivier, Chalamont,

Lent, Le Châtelard, Ambérieux, Villeneuve, Lignieux et Banneins.

Le pays de Dombes est dans une plaine fertile en blé et autres grains. Dans la partie voisine de la Bresse se trouvaient beaucoup d'étangs fournissant une abondance de poisson qui se consommait surtout à Lyon et dans les provinces voisines. La partie du pays à proximité du rivage de la Saône se composait presque exclusivement de prairies, au-dessus desquelles il y avait des coteaux couverts de vignes donnant un produit supportable et plus que suffisant pour approvisionner la Dombes.

Il n'y avait dans le pays aucun commerce sinon celui de ses denrées et productions. Il n'y avait ni fabriques ni manufactures si l'on excepte l'Argue où filé de traits d'argent à Trévoux. Une fabrique d'indienne a subsisté quelque temps dans cette ville.

La province avait un Gouverneur et un Lieutenant général pour le Roi après l'annexion de 1762, un Commandant et un Intendant-commissaire départi, tous résidant à Trévoux. Le Gouverneur fut M. de Icaffey et l'Intendant M. de Garnerans. En 1781, il y eut à Trévoux un tribunal de l'Election pour les impôts et une subdélégation dont le titulaire fut M. Janet. Cette subdélégation dépendait de l'Intendance de Bourgogne.

Les lois romaines régissaient et formaient le droit municipal de la Principauté. Le Roi, à l'annexion, n'y voulut apporter aucun changement. La Justice donc, depuis 1762 jusqu'à la fin, s'y administra au nom du Roi de la même façon que sous les anciens Princes avant la réunion, sauf que le Parlement de Dombes fut supprimé et qu'il fallut aller au Parlement de Dijon.

Toutes les justices, seigneuries, fiefs simples relevaient immédiatement du Souverain. Ils ne devaient aucun droit de mouvance aux mutations et n'étaient tenus qu'à la foi et hommage et à l'aveu. Les seigneurs censitaires et décimateurs avaient le même devoir et la même charge.

La Principauté fut toujours réputée pays de franc-alleu. Tous les fonds et héritages y étaient présumés et déclarés allodiaux, c'est-à-dire libres et exempts de toute servitude connue, cens, servis, laods, à moins de titres contraires.

Les censives et rentes nobles du souverain n'avaient ni plus ni moins de privilège que celles des simples censitaires : toutes subissaient le droit commun et les mêmes règles, avec une seule exception qui était celle-ci : à savoir que les censives et rentes nobles des seigneurs haut justiciers ainsi que celles du clergé n'avaient besoin que d'une seule reconnaissance pour obliger les emphytéotes ou censitaires au payement, alors qu'il en fallait deux pour les simples censives sans justice ou n'appartenant pas à l'Eglise. En un mot on tenait pour principe en Dombes : « qu'il n'y avait point de seigneur sans titre, que l'emphytéote dort et le seigneur veille ».

Le Parlement ou conseil souverain créé par François Ier en 1523 siégeait à Lyon, mais en 1696 le duc du Maine l'amena à Trévoux et l'installa dans un palais spécial où logeait le premier président. Cette cour comptait 32 officiers jouissant des privilèges de la noblesse transmissible au premier degré ; ces privilèges étaient acquis par l'exercice de la charge pendant 20 ans ou par le décès de l'officier muni de la charge.

Avant la translation du Parlement de Lyon à Trévoux il y avait en cette ville un Bailliage qui jugeait toutes affaires en première instance sauf appel. En 1698, le duc du Maine supprima cette juridiction et la remplaça par une Chambre des requêtes. On y rendait la justice au civil et au criminel, à charge de l'appel, par trois commissaires pris semestriellement dans le Parlement. Les appellations des Justices des seigneurs ressortissaient là, sauf en matière criminelle où elles allaient droit au Parlement. Depuis 1698, toutes les justices seigneuriales siégeaient à Trévoux. Le même prince créa deux bailliages, l'un à Thoissey et l'autre à Chalamont. Mais la difficulté de recruter des officiers pour ces petites cours.

l'étroitesse du ressort, le petit nombre des affaires furent causes que tout allait directement à la dessus dite Chambre des requêtes.

Les princes de Dombes avaient auprès d'eux un conseil supérieur composé d'un chancelier et de 12 conseillers, qui avait compétence et droit de cassation sur les arrêts du Parlement. Ce Conseil, par ses fonctions et son autorité, pouvait se comparer au Conseil d'Etat des rois de France.

Les Dombes faisaient partie du diocèse de Lyon. Il y avait un chapitre à Trévoux créé en 1523 : le doyen était mitré et prenait séance au Parlement. Le Souverain le nommait lui ainsi que le Supérieur des prêtres faisant le collège de Thoissey.

Jusqu'en 1739 il n'y avait d'autre impôt en Dombes qu'un don gratuit plus ou moins considérable que le Tiers-Etat payait au prince tous les sept ans. Mais depuis 1739 on leva sur lui par an une taille de 50.000 livres : la répartition de cette somme était faite par l'Intendant, la chambre des requêtes et le bailli de la noblesse, en vertu d'un édit du prince.

Cette taille de 50.000 livres ne faisait point partie du bail de la ferme générale des revenus de la principauté. Ce bail allait annuellement à 172.000 livres : en 1762 il fut réuni aux fermes générales de France. — Avant cette date le papier timbré n'existait point en Dombes : les actes des notaires et huissiers ne payaient qu'un simple droit de scel de quatre et de cinq sols.

La tranquillité publique était protégée par la maréchaussée comptant 7 hommes.

Situation des villes, bourgs, villages de Dombes à l'annexion de 1762.

Trévoux. — 429 feux agglomérés. 110 feux dispersés. — Bonne position sur un coteau au midi, rive gauche de la Saône. Le Parlement y attire beaucoup de monde. Le tirage d'or et le commerce libre de toute entrave y occupent de nombreux habitants. Port très fréquenté : le coche d'eau s'y arrête. Paroisse et dimerie. Chapitre érigé en 1523. Religieux du tiers-ordre de Saint-François. Ursulines. Carmélites. Hôpital. Collège. Confrérie de Pénitents. Palais du Parlement. Hôtels du Gouvernement, de la Monnaie, des fermes du Prince. Belle imprimerie. Vignoble médiocre : bonnes terres à blé. 5 foires annuelles.

Agnereins. — 29 feux. — Vilain pays. Mauvais terrain semé de bois et d'étangs. Il y croit une herbe en été qui infecte le pays et cause des fièvres comme dans une partie de la Bresse-Dombes.

Amareins. — 18 feux. — Bourg et paroisse en dehors de tout passage et commerce. Terres à blé ; vignes et prairies dans le bas.

Ambérieux. — 64 feux. — Bonne paroisse et bourg de 24 maisons. Très bon terrain pour le froment ; bouquets de bois, étangs et prairies. Le paysan y est à son aise.

Ars. — 31 feux. — Terrain élevé ; fonds assez bons pour prairie et blé. Vin médiocre. .

Banneins. — 31 feux. — Paroisse perdue dans les bois de haute futaie et de très mince importance. L'église et 15 maisons sont bâties sur terrain de Bresse. Le bourg lui-même dépend de Dombes. Le foin y domine.

Beaumont. — 15 feux. — Annexe de la Chapelle du Châtelard. La plus grande partie est en Bresse. Abords difficiles, la rivière étant peu guéable. — Une dévotion à la Sainte Vierge y attire du monde.

Beauregard. — 30 feux. — Annexe de Frans. Ancienne capitale du pays au temps des sires de Beaujeu. Ruinée par les guerres de Savoie. Jolie situation sur la Saône, en face Villefranche. Il y a eu, jadis, manufactures de glaces, de bouteilles, de faïence : les droits imposés à la sortie de la part de la France ont ruiné les entrepreneurs. Bons fonds en bois, vignoble et prairie.

Cesseins. — 25 feux. — Très bon terrain à blé.

Chalamont. — 150 feux. — Fait un angle de la Dombes de l'orient au couchant, à 7 lieues de Lyon et autant de Trévoux ; entourée par la Bresse, la ville, de forme ancienne, est située sur un terrain élevé et fortifiée. Grand faubourg. Vigne rare et vin peu estimé. Les objets de consommation se tirent de Châtillon. Bailliage de mince importance et fort tombé. Grenier à sel. Belle halle et six grosses foires. La paroisse est Saint-Martin à quelque distance de la ville. Hôpital. — La route de Lyon, à Besançon et à Strasbourg, le carrosse et les guimbardes font la fortune de ce lieu où l'on fait la couchée. Passage de troupes ; 5 cabarets et 7 marchands d'étoffe et d'épicerie. Tisserands en toiles communes. Terrain médiocre, bois, étangs, prairie et seigle.

Chaleins. — 85 feux. — Bourg de 15 maisons. Pays plat. Froment et seigle de qualité supérieure. Fruits excellents — pommes surtout — qu'on vend à Trévoux.

Chaneins. — 100 feux. — Grande paroisse hors de tout passage et commerce. Seigle et froment. Peu de vignes. Belles futaies.

Chanteins. — 19 feux. — Annexe de Montagneux. Terrain assez bon. Futaies. Beaucoup d'étangs, pays malsain.

Chatenet. — 24 feux. — Pays couvert, sans passage. Mauvais terrain.

Dompierre de Chalamont. — 25 feux. — Forte paroisse en majeure partie existant sur Bresse. Eglise et presbytère en Dombes. Avant la création de la route de Lyon à Bourg par Chalamont, on passait par ce bourg, ce qui le faisait vivre ; à présent il languit. Très bon terrain. — « Le paysan de ce lieu est méchant et républicain ».

Dompierre de Chalaronne. — 41 feux. — Bourg et majeure partie de la paroisse en Bresse. Terrain passable.

Fareins. — 90 feux. — Paroisse bonne. Vignoble, prairie, terres à blé en majorité. Château et jardins superbes de M. de Seyve, conseiller au parlement de Paris.

Frans. — 32 feux. — Peu conséquente paroisse, sans passage ni commerce. Les fonds y sont assez bons, la terre à blé y domine. Port sur la Saône avec un cabaret.

Francheleins. — 30 feux. — Petite paroisse éloignée de tout chemin. Le bourg n'a que 5 maisons. Terrain très bon. Grand rendement en blé, froment, peu de vignes. Bois taillis.

Garnerans. — 50 feux. — Paroisse et Comté sans passage ni commerce. Seigle et froment. Beaucoup de vin. Prairies, peu de bois et beaucoup de bestiaux.

Genouilleux. — 60 feux. — Petite paroisse sur la route de Thoissey à Montmerle. Terres à blé et prairies. — La majeure partie du sol est en vignes.

Guérins. — 80 feux. — Bourg considérable sur la même route. Terrain maigre et sablonneux. Terres à blé et quelques prairies le long du rivage de la Saône. Beaucoup de vignes, mais vin médiocre.

Jassans. — 30 feux. — Paroisse presque tout entière en Franc-Lyonnais. Les fonds y sont bons ; blé, vin, foin.

Illiat. — 168 feux. — Grande paroisse sans route ni communication. Le bourg n'a que 8 maisons et est bâti sur Bresse. Terrain gras ; peu de vignes. Grands et beaux bois.

Juif. — 12 feux. — Annexe de Savignieux. Mauvais terrain. Pays de bois et étangs. Il y croit en été une herbe qui infecte le pays.

Labergement. — 33 feux. — Plus de la moitié de cette paroisse est sur Bresse. Quelques terres à blé, peu de vignes. Grands revenus en bois de haute futaie. Terrain gras et mauvais chemins en hiver.

La Chapelle. — 25 feux. — C'était la paroisse du Châtelard qui fut ville jadis et châtellenie, détruite par les guerres. Ruines de château et de tours. Partie de la paroisse en bon terrain, partie en mauvais. Grands bois et étangs.

Laperouze. — 1 feu. — Clocher et paroisse totalement en Bresse, sauf une maison et 3 métairies séparées par le chemin de **Trévoux** à Chalamont. Seigle et avoine. Pays de bois et malsain.

Lent. — 40 feux. — Ville sise à l'extrémité de la Dombes, à 2 lieues de Bourg, très ancienne. Du temps des guerres de Savoie, le château, les murs et les maisons, tout fut détruit: il ne resta qu'une grande rue mal bâtie et peu habitée. L'enceinte et les fossés indiquent combien était jadis considérable cette ville. Les fossés actuellement abbergés sont des terres à chanvre et des jardins. Châtellenie royale. Prisons. Belles halles. Le carrosse de Lyon à Bourg et Besançon anime cette ville. Il y a huit grosses foires. Marché de fourrage. On boit du bon vin de Mâcon amené par Châtillon. Terrain ordinaire. Blé et seigle. Belle prairie. Beau moulin et beaux taillis et futaies qui dépendent du domaine du Roi. — Nota que quelques maisons voisines appartenant aux paroisses de Longchamps et Saint-Paul-de-Varax-en-Bresse, sont cependant de Dombes pour la taille.

Le Plantay. — 4 feux. — Paroisse et clocher en Bresse, excepté le mas Tachy, qui est en Dombes. Pays couverts. Etangs. Quelques terres à blé.

Lurcy. — 40 feux. — Petite paroisse. Terrain assez bon pour le blé. Quelques vignes. Prairies sur les bords de la Saône.

Marlieux. — 44 feux. — Paroisse considérable. Terrain bon. La route de Bourg à Lyon, par Villars, animait le bourg, mais on passe maintenant par Chalamont. Fort bel étang dont les eaux battent les murs de l'église : il fait tourner un moulin.

Massieux. — 16 feux. — Petite paroisse sur une hauteur. Terrain merveilleux pour le froment. Petites prairies. Vin fort bon. La moitié de la paroisse est en Franc-Lyonnais. Les Minimes, de Lyon, y ont de beaux fonds.

Messimy. — 80 feux. — Terrain bon, quoique léger. Bon vignoble et bonnes terres à blé. Prairies dans le bas. Principal revenu, le vin.

Mizérieux. — 28 feux. — Les fonds sont bons pour blé, vignes et prés.

Moignencins. — 182 feux. — Paroisse très étendue. Maisons bourgeoises. Point de route, mais proximité de la Saône. Vin de bonne qualité et bonnes prairies.

Montceau. — 50 feux. — Paroisse éloignée de tout passage; produits comme la précédente.

Montagnieux. — 34 feux. — Pays pauvre, sans passage ni industrie. Paysan ivrogne, processif et malheureux par sa faute. Terrain passable, mêlé de taillis et d'étangs.

Monthieux. — 39 feux. — Terrain merveilleux pour le blé. Prairies. Commerce de bestiaux et de bois à bâtir et à brûler, sur Lyon. Etangs. Terrains gras. Chemins mauvais.

Montmerle. — 120 feux. — Troisième ville de Dombes, après Trévoux. Châtellenie. Grenier à sel. Religieux Minimes. Position agréable sur la Saône. 10 cabarets. La diligence de Thoissey y dîne et le coche de Châlons y couche. Six marchands de draps, toiles, épicerie. Quatre foires, sans compter la belle foire de Notre-Dame, en septembre, qui dure quatre jours : on y vient du Lyonnais, du Beaujolais, du Mâconnais et de la Bresse. Il y a marchands de toute espèce et plusieurs rues formées de cabanes, et beaucoup de bateaux sur la Saône. Les coteaux des environs donnent un petit vin qu'il faut boire dans l'année. Blé. Prairies.

Paizieux. — 72 feux. — Eloigné de tout passage et commerce. Blé et vignes.

Parcieux. — 51 feux. — Annexe de Reyrieux. Terrain merveilleux, à mi-coteau, près de la Saône. On y récolte tout ce que l'on veut. On fauche les prairies trois fois par an. Vignoble fort gai au temps des vendanges. Le paysan serait trop riche s'il n'avait la passion du vin et des procès.

Percieux. — 16 feux. — Mauvais terrain. Le curé a peine à y vivre avec la dîme. Etangs.

Pouilleux. — 4 feux. — Annexé à Toussieux ; partie en Franc-Lyonnais. Mauvais terrain aride.

4

Rancey. — 17 feux. — Petite paroisse en montagne. Mauvais terrain. Vilain pays. Bois. Dans le bas, étangs malsains.

Reyrieux. — 52 feux. — Eaux superbes. Terrains précieux surtout pour les légumes. Fort beau vignoble. Beaux châteaux avec avenues et vues magnifiques. Le paysan serait riche s'il n'était trop processif. Nombreuses résidences bourgeoises habitées l'automne. Port sur la Saône.

Ronzuel. — 18 feux. — Petit lieu, partie en Bresse. Bois et étangs.

Savignieux. — 26 feux. — Bois et étangs. Terrain gras assez bon.

St-Cire. — 11 feux. — Petit lieu, partie en Bresse. Terrain passable. Bois et étangs.

St-Christophe. — 21 feux. — Le clocher est sur Dombes mais grande partie de la paroisse est en Bresse. Terrain passable. Bois et étangs.

St-Didier-de-Chalaronne. — 315 feux. — Bonne et grosse paroisse sur le grand chemin de Lyon à Mâcon par la Dombes. Grains de différentes espèces. Vignoble et prairie. Bourgeois et paysans à leur aise mais trop processifs.

St-Didier-de-Froment. — 30 feux. — La majeure partie en Franc-Lyonnais. La partie sur Dombes est de rendement médiocre. Terres à blé. Broussailles.

St-Etienne-de-Chalaronne. — 192 feux. — Grande paroisse. Paysans aisés. Blé.

Ste-Euphémie. — 25 feux. — Assez bon terrain pour le grain. Quelques vignes. Le bourg quoique sur la route de Lyon à Mâcon par la Dombes est peu fréquenté.

St-Georges. — 16 feux. — Petite paroisse en majorité sise en Bresse, mauvais pays, étangs et bois. « Ce peuple passe pour être dangereux. »

St-Germain. — 26 feux. — Terrain médiocre et couvert de bois.

St-Jean-de-Thurignieux. — Paroisse entièrement en Franc

Lyonnais : il n'y a que six à huit métairies sur terre de Dombes.

St-Martin-de-Chalamont. — C'est la mère paroisse de Chalamont, petit lieu fort couvert de bois sur les frontières de Bresse peu habité. Fourrage. Etangs.

St-Nizier-le-Désert. — 13 feux. — Petite paroisse dépendant de Bresse, 4 maisons seules sur terre de Dombes.

Ste-Olive. — 24 feux. — Paroisse pauvre, sans passage ni industrie. On y est ivrogne, processif et pauvre volontairement, car on y récolte de 1 beau blé.

St-Trivier. — 70 feux. — Ville ancienne : elle a été souvent le patrimoine des cadets de la maison de Beaujeu. Depuis 1556 elle appartient avec sa justice aux pauvres de la Charité de Lyon par donation du seigneur du lieu. Cette ville, petite, est bien murée, sans noblesse ; il n'y a que quatre familles bourgeoises. Prieuré dépendant des Minimes de Montmerle. Placé à l'extrémité de la Dombes, Saint-Trivier est entouré par la Bresse du nord à l'orient sans commerce ni route. Sa position est mauvaise, aquatique et paludéenne. 4 foires par an. Dans le nombre de 70 feux qu'on trouve en cette ville plus de la moitié se compose de veuves pauvres retirées là pour jouir des aumônes qu'y distribuent et les recteurs de la Charité de Lyon et les Minimes. Le marché du vendredi y est insignifiant. Trois auberges et trois marchands vendent chandelle, épiceries et toile grossière. Il y a un tailleur d'habits. Mauvais petit vignoble. Bonnes terres pour légumes et froment. Fourrage et bois.

Serras. — 12 feux. — Petite paroisse qui dépend en majeure partie de la Bresse. Pays de bois et d'étangs.

Thoissey. — 130 feux. — Seconde ville de Dombes, placée à son extrémité nord à trois lieues de Mâcon. Ville murée dans une situation agréable, passablement bâtie. Huit foires et marché tous les vendredis. Belles halles. Jolie église bâtie en 1300 par Guichard V de Beaujeu. La paroisse est desservie par les recteurs du collège. Ursulines. Hôpital. Bailliage avec prison. A Thoissey résident de nombreux bourgeois et huit à dix gentillshommes riches. Il y a dix marchands et quatre hôtelleries. Grenier à sel. Dans les grosses eaux le pays est impraticable à cause de la Saône qui fait refluer la Chalaronne dans les prairies : l'intendant s'occupe de remédier à cette situation par l'établissement de biets et de canaux. Terrain précieux pour les grains et les légumes. Vignoble. Paccages pour les bestiaux.

Toussieux. — 16 feux. — Vilain pays, peu peuplé, sans passage. Terrain maigre.

Vallin. — 18 feux. — Pauvre pays, éloigné de toute route. Blé. Un peu de vigne. Bois de haute futaie.

Villeneuve. — 37 feux. — Ancienne ville devenue un petit village fermé de murs. Châtellenie. Le terrain y est bon. Bois et vignes. Les abords sont impraticables la plus grande partie de l'année à cause des chemins qu'on trace dans les terres à blé et qui changent toutes les saisons. Le chemin projeté de Trévoux à St-Trivier ferait grand bien à Villeneuve.

La principauté de Dombes, ainsi qu'on le peut voir en suivant sur une carte la position des diverses communes ci-dessus citées, offrait de bizarres entrecoupements. Elle se composait surtout de deux pièces dont l'inférieure était tout à fait triangulaire ou en forme de cœur. Et il arrivait que depuis La Pérouze, proche du Franc-Lyonnais, on pouvait aller à Châtillon en Bresse en côtoyant la Dombes de droite et de gauche sans y entrer. Deux seules métairies qu'on traversait dépendaient de la Principauté. Cette singulière figure des frontières marque combien furent mal faites les délimitations de 1601 entre Bresse, Dombes et Franc-Lyonnais. Le partage fut si arbitraire que les commissaires qui ne connaissaient pas le pays demandaient aux propriétaires des fonds de quel pays ils voulaient dépendre et chacun choisissait selon son idée. Les Dombistes qui se firent ainsi Bressans payèrent cher plus tard cet honneur en contribuant pour leur part aux dettes de la province. Quant à ceux qui optèrent pour le Franc-Lyonnais l'établissement des vingtièmes leur fit souvent regretter la vieille Dombes où l'impôt était rare ou léger.

Quoi qu'il en soit, à l'annexion de 1762, la Dombes avait 56 paroisses et 2 annexes dont les clochers étaient dans la souveraineté, y compris six villes. Il y avait en plus neuf paroisses dont les églises étaient en Bresse ou en Franc-Lyonnais. Ces paroisses ainsi tronquées avaient été usurpées soit dans les troubles et guerres particulières des seigneurs, soit pendant les guerres de religion.

En 1773, il naquit en Dombes 568 garçons et 527 filles. Il y eut 252 mariages. Il mourut 404 hommes et 345 femmes.

———

Il n'est pas possible ici, sous peine d'être trop long, de donner des détails sur les différentes administrations qui régissaient autrefois nos provinces. On ne pouvait que les classer et les signaler à ceux qui s'occupent intimement de notre histoire locale.

On trouvera des renseignements explicites dans les ouvrages suivants qu'on a dépouillés sommairement, seulement pour dresser cette présente nomenclature :

Garreau. — Description du Gouvernement de Bourgogne. In-8°. Dijon. 1734.

Expilly. — Dictionnaire des Gaules et de la France. 5 vol. in-f°. Paris. 1762.

Dictionnaire de Trévoux. 1762. 8 vol. in-f°.

Dictionnaire de Moréri. Paris. 10 vol. in-f°. 1750.

Piganiol de la Force. — Nouvelle description de la France. Paris. 1719. 6 vol. in-12.

Robert de Hesseln. — Dictionnaire universel de la France. Paris. 1771. 6 vol. in-12.

Guigue. — Topographie de l'Ain. Trévoux. 1873. In-4°.

Ph. Le Duc. — Curiosités historiques de l'Ain. Bourg. 1877. 3 vol. in-12.

Bouchut. — Statistique de la province de Bourgogne.

Gâcon. — Histoire des provinces de Bresse, Bugey et Dombes. — Tous ces ouvrages se trouvent à la Bibliothèque publique de Bourg.

Mémoires manuscrits aux Archives de l'Ain, série C, administration provinciale.

TABLE

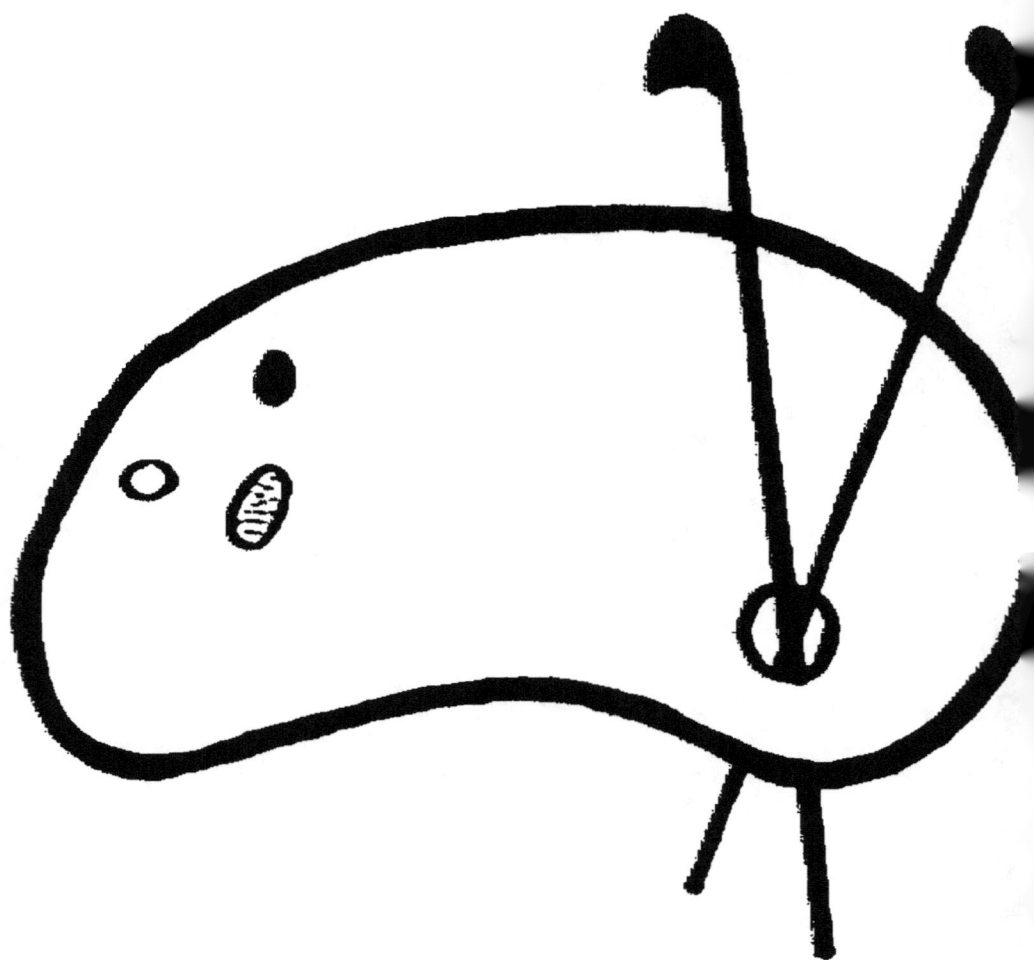

www.ingramcontent.com/pod-product-compliance
Lightning Source LLC
La Vergne TN
LVHW022132080426
835511LV00007B/1113